줄기세포와 생명 복제기술, 무엇이 문제일까?

줄기세포와 생명 복제기술, 무엇이 문제일까?

초판 2쇄 발행   2023년 4월 15일

글쓴이   황신영

편집   이현정
디자인   성영신 문지현

펴낸이   이경민
펴낸곳   ㈜동아엠앤비
출판등록   2014년 3월 28일(제25100-2014-000025호)
주소   (03737) 서울특별시 서대문구 충정로 35-17 인촌빌딩 1층
홈페이지   www.dongamnb.com
전화   (편집) 02-392-6903   (마케팅) 02-392-6900
팩스   02-392-6902
SNS   f ⓘ blog
전자우편   damnb0401@naver.com

ISBN   979-11-6363-580-2(44300)
           979-11-87336-40-2(세트)

10대가 꼭 읽어야 할
사회·과학교양 ⑬

줄기세포학

배아 복제 기술

희귀난치병 치료술의 희망,
줄기세포 연구에 남은 과제

황신영 지음

무엇이 문제일까?

동아엠앤비

작가의 말

과학은 인간의 자연에 대한 호기심과 탐구를 통해 시작된 학문입니다. 고대 그리스의 철학자들로부터 시작된 과학은 오랜 세월 동안 수많은 과학자들의 연구 결과를 토대로 발전해왔습니다.

과학의 역사에서 20세기가 양자론과 상대성 이론으로 대표되는 물리학의 시대였다면, 21세기는 인간 게놈 프로젝트와 줄기세포, 복제기술 등으로 대표되는 생명공학의 시대라고 할 수 있습니다. 생명공학은 사람, 동물, 식물, 미생물 등 모든 생물을 연구하고 이를 바탕으로 유익한 산물을 만들어내는 학문입니다. 또 생명공학은 환경오염, 식량문제, 인류의 수명 연장과 건강 등 거의 모든 분야의 문제점을 해결해줄 수 있다는 점에서 매우 중요합니다. 하지만 생명을 다루다 보니 여러 가지 사회, 종교, 윤리적인 논쟁에 휘말리기도 합니다. 특히 줄기세포와 생물복제 분야는 그 유용성만큼이나 논란의 여지도 많습니다. 반면에 줄기세포는 우리 몸의 모든 세포를 만들어낼 수 있는 능력을 가지고 있어 불치병을 앓고 있는 많은 환자들에게 마지막 희망이 되고 있습니다.

사실 줄기세포라는 말이 나온 것은 그리 오래되지 않았습니다. 1908년 러시아의 과학자인 알렉산더 막시모프(Alexander Maksimov)에 의해 만들어진 용어로 연구 초반에는 관련 학자들만 아는 단어였습니다. 그러던 것이 1998년에 위스콘신대학교의 톰슨 교수가 최초로 인간의 배아를 이용하여 줄기세포를 만드는 데 성공하면서부터 줄기세포는 어느덧 일상생활에서 자주 들을 수 있는 말이 되었습니다. 병원이나 신약 광고물을 보면 줄기세포를 이용한 재생치료나 미용시술 등의 갖가지 시술들을 광고하고 있습니다. 이처럼 인간배아줄기세포로 할 수 있는 일이 많다는 것을 알게 되면서, 전 세계의 많은 의학자와 생명공학자들이 줄기세포에 대해 연구하고 있습니다. 또 신약을 만드는 회사에서도 줄기세포를 이용한 신약 연구가 진행되고 있습니다.

그러나 줄기세포가 정확히 무엇인지, 줄기세포를 이용하여 할 수 있는 일과 할 수 없는 일, 또 어떤 문제점이 있어 줄기세포 연구를 반대하는 것인지를 정확하게 아는 사람은 그리 많지 않은 것 같습니다. 이 책에는 줄기세포의 뜻과 종류, 줄기세포 연구의 역사, 만드는 방법, 줄기세포를 이용하여 할 수 있는 일과 그 문제점, 복제인간을 만드는 방법과 복제인간의 문제점까지 소개되어 있습니다.

예전의 과학은 과학자들만의 전유물로 여겼었지만, 오늘날의 과학은 우리의 일상생활과 밀접한 관계를 맺고 있습니다. 과학 기술의 연구, 개발, 사용 등과 관련하여 사회, 정치, 종교, 국가 등 여러 집단의 이익이 얽혀 있어 관련 정책을 결정하는 데에 어려움이 많습니다. 따라서 이러한 문제에 대해 현명하게 의사결정을 하기 위해서는 관련 분야에 대해 잘 알고 있어야 합니다. 이 책을 통해 줄기세포와 복제 기술에 대해 자세히 알아봅시다.

차례

2부 줄기세포의 명과 암

1부

세포에서부터
사람의 성장과
노화까지

네덜란드의 직물 상인인 레이우엔훅(Anthony van Leeuwenhoek, 1632~1723)은 과학자가 아니었음에도, 자연과 생물을 관찰하는 데 관심이 많았다. 그는 유리 렌즈를 잘 가공하여 성능이 뛰어난 현미경을 많이 만들었는데, 그중에는 1μl(마이크로리터)를 구별할 수 있는 현미경도 있었다. 1μl는 0.001ml(밀리리터)로 그 당시 기술로 볼 수 없었던 매우 작은 물체들을 관찰할 수 있었다.

그는 1674년, 자신이 만든 현미경으로 연못물을 관찰하던 중 처음으로 미생물을 발견

레이우엔훅

했다. 또 1677년에는 남자의 정액을 현미경으로 관찰하여 그 속에 수백만 개의 정자들이 헤엄쳐 다니는 것을 발견했다. 정자는 남자에게서 만들어지는 생식세포로, 레이우엔훅이 최초로 발견했다. 이로 인해 풀리지 않았던 사람의 생식 과정의 일부가 밝혀지게 되었다.

당시의 과학자들은 정자와 난자 속에는 아주 작은 사람이 들어 있으며, 점점 자라 아기로 태어난다고 믿고 있었다. 그러나 레이우엔훅은 곤충, 갑각류, 어류, 조류, 양서류, 포유류 등 다양한 동물들의 정액 속에 들어 있는 정자를 관찰한 후, 정자 세포가 여성의 몸에서 만들어진 난자 세포와 만나 자손을 만든다고 주장했다.

레이우엔훅이 살았던 당시의 과학계에서는 생물이 무생물에게서 만들어진다는 자연발생설을 받아들이고 있었는데, 그의 발견으로 생물은 생물에게서 만들어진다는 생물속생설이 나오는 계기가 되었다. 레이우엔훅은 미생물의 발견으로 유명해졌지만, 그 외에 생물을 이루는 여러 기관에 대해서도 관심을 가지고 있었다. 현미경을 이용해 동물의 장, 혈관, 신경과 같은 기관을 관찰하고, 식물의 꽃가루, 열매, 관다발 같은 구조를 관찰했다. 이러한 발견으로 생물을 이루는 여러 조직, 기관의 생김새와 기능이 밝혀지게 되었다.

1부에서는 생물의 기본 구조인 세포에서부터 생물의 발생, 성장, 노화에 이르는 일련의 과정을 알아보려고 한다.

1장

우리 몸을 이루는 기본 단위, 세포

줄기세포에 대해 이해하기 위해서는 먼저 세포에 대해 알아야 한다. 세포는 사람을 비롯한 모든 생물의 몸을 이루는 기본 단위로, 1665년 영국의 과학자 로버트 훅(Robert Hooke, 1635~1703)이 《마이크로그라피아(Micrographia)》라는 자신의 저서에서 처음 사용한 용어이다. 훅은 나무로 만들어진 코르크 조각을 얇게 잘라 현미경으로 관찰했는데, 그 결과 수많은 작은 구멍으로 이루어진 것을 발견했다. 그는 이것에 '세포(cell)'라는 이름을 붙였다. cell은 라틴어로 작은 방을 뜻하는 cellua에서 유래한 단어로, 교회의 수도사가 살던 작은 방을 의미한다. 사실 엄밀히 말하면 실제로 로버트 훅이 관찰한 것은 식물세포의 맨 가장자리에 있는 죽은 세포벽으로, 세포 내부를 이루는 부분은 사라진 상태였다. 세포벽은 세포를 외부로부터 보호하고 세포의 모양을 유지하게 해주는 역할을 하는데, 튼튼해서 식물세포에 남아 있을 수 있었다.

이후 네덜란드 사람인 레이우엔훅이 자신이 만든 현미경으로

다양한 종류의 세포와 작
은 생물들을 관찰하고
그 결과를 책으로 출판함
으로써 대중에게 세포의
존재가 널리 알려지게 되
었다. 1838년, 독일의 과
학자인 슐라이덴(Matthias
Jakob Schleiden, 1804~1881)
이 식물이 세포로 이루
어져 있다는 주장을 했
고, 1839년 독일의 과학
자인 슈반(Theodor Schwann,

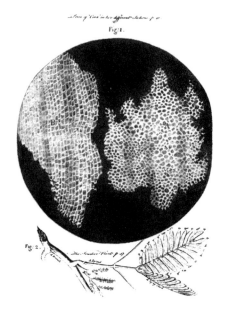

훅이 현미경으로 관찰한 코르크 단면

1810~1882)이 동물도 세포로 이루어져 있음을 주장했다. 이러한 연
구들을 종합해 세포가 모든 생물의 몸을 구성하는 기본 단위라
는 세포설이 확립되었다.

키티돼지코박쥐는 다 자라도 몸길이 3㎝, 몸무게 2g의 매우 작
은 포유류이다. 반면 흰긴수염고래는 바다에 사는 포유류로 몸길
이 30m, 몸무게는 100톤이 넘는 큰 생물이다. 이 극단적인 크기
의 두 생물의 몸을 이루는 세포의 크기는 어느 정도일까? 생물이
클수록 세포의 크기도 커지는 것일까? 정답은 '아니오'다. 생물의
종류와 상관없이 세포의 크기는 거의 비슷하다. 따라서 몸의 크
기가 다른 생물들은 몸을 이루는 세포의 크기가 아니라 수에서

차이가 나는데, 작은 생물은 큰 생물에 비해 몸을 이루는 세포의 수가 적다.

그렇다면 사람의 몸을 이루는 세포의 수는 얼마나 될까? 이에 대한 답은 〈An estimation of the number of cells in the human body(2013)〉라는 논문에서 찾을 수 있다. 이 논문의 저자들은 지난 200년 동안의 과학 저널을 조사해, 사람 몸의 세포 수는 약 37.2조 개라는 추정치를 내놓았다.

대부분의 세포는 크기가 작아 현미경으로 관찰해야 하지만 일부 신경세포나 달걀처럼 맨눈으로 볼 수 있는 크기의 세포도 있

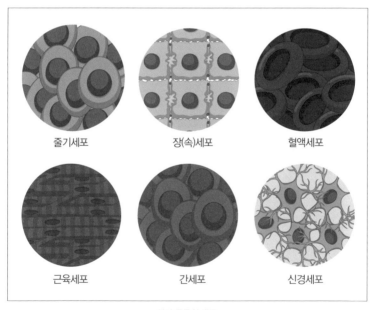

여러 종류의 세포

다. 하나의 세포로 이루어진 생물인 세균은 0.2μm, 사람의 적혈구 세포는 7.5μm, 사람의 신경세포는 1m 이상으로 세포의 모양과 크기는 생물의 종류에 따라 다양하다. 또한 한 생물체 내에서도 몸의 부위와 세포의 역할에 따라 세포의 모양과 크기도 다양하다.

그렇다면 우리 몸을 이루는 세포의 종류는 몇 가지나 될까? 사람을 구성하는 세포의 종류는 대략 220가지 정도이며, 세포의 종류에 따라 생김새가 다르다. 또한 세포의 종류에 따라 수명도 다른데, 예를 들어 뇌의 신경세포와 눈의 수정체 세포는 태아 상태일 때 만들어져 일생 동안 유지되는 반면, 뼈를 이루는 골세포의 경우에는 약 10년, 적혈구 세포는 120일, 피부를 이루는 피부세포는 14일 정도의 수명을 가지고 있다. 따라서 우리 몸의 부위에 따라 차이는 있지만 주기적으로 새로운 세포로 교체되고 있다고 할 수 있다. 이스라엘의 와이즈만 과학연구소의 생물학자인 론 샌더(Ron Sender)와 론 마일로(Ron Milo)의 연구에 따르면 사람의 몸은 하루에 약 3,300억 개의 세포가 새로 만들졌다가 사라진다고 한다. 이를 시간으로 환산하면 사람의 몸에서 초당 380만 개 이상의 새로운 세포가 교체되는 셈이다. 교체되는 세포의 86%는 혈액세포이며, 위장세포 12%, 피부세포 1.1%, 혈관세포와 폐세포가 각각 0.1%를 차지한다. 죽은 세포는 우리 몸에서 분해되어 사라지거나, 일부는 재활용되기도 한다.

한편, 세포는 종류에 따라 각각 담당하는 일이 다르다. 예를 들어 적혈구나 백혈구는 혈액을 구성하는 세포로 혈관을 따라

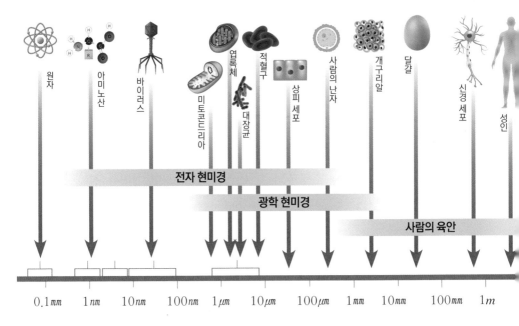

원자   아미노산   바이러스   미토콘드리아   엽록체   대장균   적혈구   상피세포   사람의 난자   개구리알   달걀   신경세포   성인

전자 현미경

광학 현미경

사람의 육안

0.1mm   1nm   10nm   100nm   1μm   10μm   100μm   1mm   10mm   100mm   1m

몇몇 물질과 세포 소기관 및 세포의 크기 비교. 0.01mm는 10μm이다. (이미지 출처: 생명과학 II)

우리 몸을 순환하는데, 적혈구는 산소를 운반하고 백혈구는 우리 몸에 들어온 세균이나 바이러스를 물리치는 식균작용을 담당한다. 신경세포는 우리 몸 전체에 퍼져 있으며, 우리 몸의 감각, 운동, 사고 등 복잡한 생명 활동에 관여한다. 난자는 정자와 함께 자손을 만드는 생식에 관여한다. 세포들은 대개 혼자 일하지 않고 주변 세포들과 함께 일하는데, 종류가 같은 세포들은 대부분 모여서 조직을 이룬다. 몸의 조직은 상피조직, 근육조직, 신경조직, 결합조직, 총 4가지로 나뉜다. 상피조직은 몸의 표면과 안쪽 면을 덮고 있는 조직이며, 근육조직은 우리 몸의 움직임을 담당한다. 신

경조직은 우리 몸의 정보교환을 담당하고, 결합조직은 우리 몸을 이루고 지지해주는 역할을 한다.

이러한 여러 조직들이 모여 하나의 기관을 이루고, 여러 기관들이 모여 하나의 기관계를 이룬다. 또 여러 기관계가 모여 개체가 된다. 예를 들어 같은 일을 하는 수많은 세포들이 모여 신경조직, 근육조직, 상피조직을 이루고, 여러 조직들이 모여 간, 위, 이자와 같은 소화기관을 만든다. 각각의 소화기관들이 모여 소화기관계를 이루고, 소화계, 호흡계, 순환계 등 여러 기관계들이 모여 하나의 개체를 이룬다. 이처럼 다세포 생물의 몸은 유기적인 구성 체제를 갖추고 있어 여러 생명 활동을 효과적으로 수행할 수 있다.

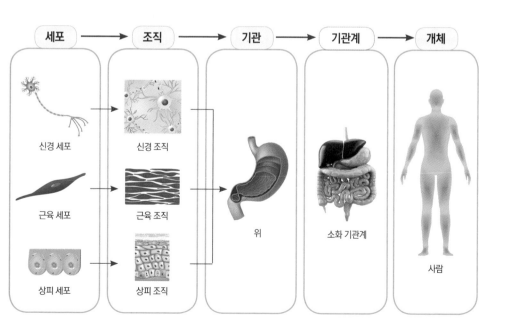

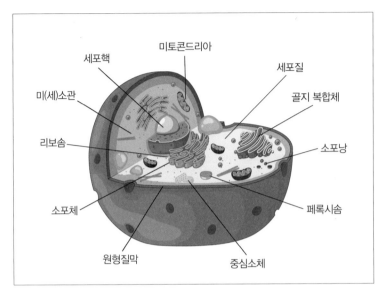

세포핵 · 미토콘드리아 · 세포질 · 미(세)소관 · 골지 복합체 · 리보솜 · 소포낭 · 소포체 · 페록시솜 · 원형질막 · 중심소체

동물 세포의 구조

    세포 내부는 어떻게 이루어져 있을까? 16쪽의 그림에서와 같이 광학현미경으로 관찰할 수 있는 세포와는 달리 세포 소기관의 모습은 전자현미경으로 관찰해야만 볼 수 있다. 전자현미경은 빛 대신 전자빔을 사용해서 샘플을 관찰할 수 있는데 광학현미경의 해상도가 $0.2\mu m$인 데 비해, 전자현미경의 해상도는 $0.1nm$로 광학현미경보다 약 1,000배 정도 크게 볼 수 있다. 1930년대 이후 전자현미경의 발달과 함께 세포소기관의 종류와 역할이 자세히 밝혀지기 시작했다. 세포는 물로 채워진 풍선이나 주머니처럼 보이는데, 세포막이라는 얇은 지질층이 투명한 피부처럼 세포를 감싸고 있다. 세포막은 세포의 모양을 유지시켜 주고, 보호하는 역할

을 한다. 세포막에는 작은 구멍들이 있어 세포 안으로 양분과 산소를 운반하고, 이산화탄소와 노폐물을 내보낸다. 세포의 활동은 주로 젤리 같은 세포질에서 이루어진다. 세포질에서 가장 큰 구조물은 핵으로, 핵막에 둘러싸여 있다. 핵은 세포의 모든 생명 활동을 조절하는 중요한 유전 물질이 들어 있다. 이 유전 물질에 대해서는 다음 장에서 자세히 소개할 예정이다.

미토콘드리아는 생물이 살아가는 데 필요한 에너지를 만들어 내기 때문에 세포의 발전소로 불린다. 미토콘드리아는 자체 DNA와 리보솜을 가지고 있어 스스로 복제하여 증식할 수 있다. 리소좀은 주로 동물 세포에서 발견되는 세포 소기관으로, 막으로 둘러싸인 주머니 모양을 하고 있다. 세포의 노폐물을 분해하는 효소를 가지고 있어 세포 내에서 일어나는 분해 작용을 담당하고 있으며, 손상된 세포 소기관을 분해하는 역할을 한다. 리보솜은 리소좀과 이름이 비슷하지만 하는 일은 전혀 다르다. 리보솜은 핵에 들어 있는 유전자의 명령을 받아 우리 몸에 필요한 단백질을 만들어낸다. 한편 식물세포에는 동물세포에 없는 엽록체와 세포벽이 있다. 엽록체는 빛에너지를 이용하여 포도당을 합성하는 광합성을 하는 세포이고, 엽록체 역시 미토콘드리아와 마찬가지로 자체 DNA와 리보솜을 가지고 있어 스스로 복제하여 증식할 수 있다. 세포벽은 세포막 바깥쪽을 둘러싸는 구조물로, 셀룰로스로 이루어져 있다. 세포벽은 세포를 보호하고 모양을 유지하는 역할을 한다.

2장

생물의 고유한 특징, 염색체

세포에서 생명 활동을 담당하는 것은 핵에 들어 있는 유전물질이다. 유전물질은 DNA라는 가는 실 모양의 구조물로 되어 있는데, 히스톤이라는 단백질을 감싸고 있는 형태이다. 히스톤 단백질을 DNA로 감싸고 있는 구슬 모양의 구조물을 뉴클레오솜이라고하며, 염색사는 수많은 뉴클레오솜이 연결된 상태를 의미한다.

평소에는 핵 안에 염색사 형태로 실처럼 풀어져 있다가 세포 분열 시기가 되면 뭉쳐서 짧고 굵은 막대 모양의 염색 분체를 이루게 된다. 염색체는 2개의 염색 분체로 이루어졌는데, 동원체를 통해 연결되어 있다. 염색체라는 이름은 핵 속의 물질이 색소로 염색하기 쉽기 때문에 붙여진 이름으로, 모세포의 유전정보를 딸세포로 전달하는 역할을 한다.

생물의 종류에 따라 염색체의 수와 모양이 다르므로, 염색체의 수와 모양은 각 생물의 고유한 특징이다. 하지만 하나의 생물

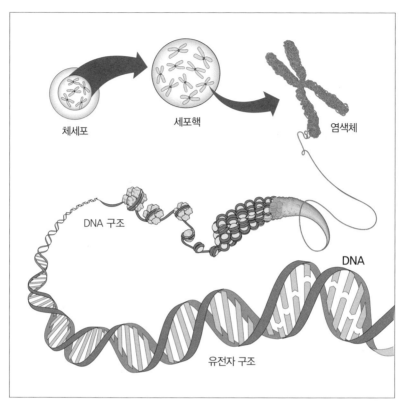

DNA 구조

DNA

유전자 구조

염색체의 구조

체를 구성하는 모든 체세포에 들어 있는 염색체의 수와 모양은 같다. 또한 염색체 수가 많다고 더 고등한 생물은 아니며, 염색체 수가 같아도 염색체 모양이 다르면 다른 종류의 생물이다. 예를 들어 초파리의 염색체 수는 8개, 사람은 46개, 침팬지는 48개, 개는 78개, 완두는 14개, 감자는 48개로 생물의 염색체 수에 특별한 규칙이 없는 것을 알 수 있다.

사람의 염색체

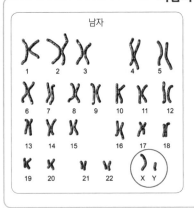

남자

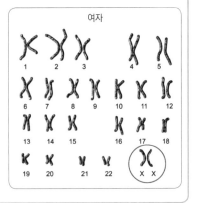

여자

사람의 염색체를 좀 더 자세히 살펴보면 모양과 크기가 같은 2개의 염색체들이 존재하는 것을 알 수 있다. 이 염색체 쌍을 상동 염색체라고 하는데, 이 중 하나는 아버지로부터, 다른 하나는 어머니로부터 물려받은 것이다. 즉 사람의 체세포에는 23쌍의 상동 염색체가 있다. 23쌍의 상동 염색체는 다시 22쌍(44개)의 상염색체와 1쌍(2개)의 성염색체로 구분된다. 상염색체는 성별에 관계없이 암수 공통으로 가지는 염색체를 말하고, 성염색체는 성별에 따라 차이가 나며, 암수의 성을 결정하는 한 쌍의 염색체를 말한다. 예를 들어 사람의 성별을 결정하는 성염색체에는 X 염색체와 Y 염색체가 있는데, 여자는 XX, 남자는 XY의 염색체를 가진다. 사람의 유전정보는 46개의 염색체에 나누어져 있는데, 사람의 세포

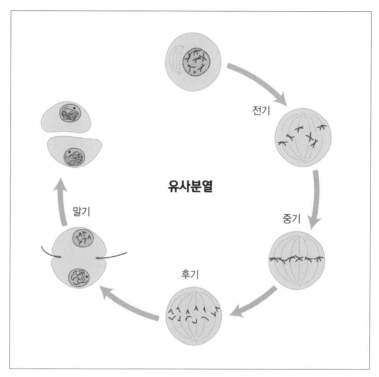

전기

중기

후기

말기

유사분열

세포분열(체세포분열)

1개 속에 있는 DNA를 전부 이으면 길이가 $2m$ 가까이 된다. 이것이 히스톤 단백질과 결합해 잘 접혀서 지름 약 $6\mu m$ 정도의 핵 속에 들어가 있는 것이다. 우리 몸의 DNA를 다 풀어서 연결하면 약 1,000억km 정도 되는데 이 길이는 태양계의 지름과 비슷하다고 한다.

세포는 생명활동에 필요한 영양소와 산소를 받아들이고 생명

활동 결과 만들어진 노폐물을 밖으로 내보내야 한다. 그런데 세포의 크기가 커질수록 물질 출입의 효율이 떨어지게 된다. 따라서 세포의 크기가 어느 정도 커지면 세포분열을 통해 작은 세포로 나뉘는 것이 생명활동을 유지하는 데 유리하다. 앞에서 생물의 몸 크기에 상관없이, 세포의 크기는 비슷하다고 했는데, 그 이유가 바로 이것 때문이다. 따라서 세포는 어느 정도 자라면 더 커지지 않고 분열한다. 이렇게 세포가 분열을 통해 세포 수를 늘리는 것을 '세포분열'이라고 하며, 세포분열을 통해 생물이 생장하게 된다. 분열하기 전의 세포를 '모세포', 분열 결과 만들어지는 두 개의 세포를 '딸세포'라고 한다.

세포분열의 과정을 자세히 알아보자. 모세포는 세포분열 전 유전물질을 복제하여 유전물질의 양을 두 배로 늘린다. 세포분열 시기가 되면 핵 속에 흩어져 있던 염색사는 뭉쳐서 두 가닥의 염색 분체로 이루어진 염색체가 된다. 이때 두 가닥의 염색 분체는 유전정보가 서로 같다. 세포가 분열하면 두 가닥의 염색 분체는 각각의 딸세포로 들어간다. 그 결과 염색체 수와 유전정보가 모세포와 같은 딸세포 2개가 만들어진다.

인간의 세포분열은 약 12시간에 걸쳐 이루어진다. 딸세포는 다시 자라고, 필요하면 또 세포분열을 하게 된다. 생물은 세포분열을 통해 생장하며, 상처 난 부위의 세포를 새로 만들기도 한다. 이밖에 아메바나 세균 같은 단세포 생물은 체세포분열을 통해 번식한다.

3장

부모에게서 물려받은 특징, 유전자

신문이나 뉴스를 보면 아기일 때 해외로 입양된 입양아들이 유전자 검사를 통해 친부모를 찾았다는 내용이 종종 소개되곤 한다. 부모와 입양아의 사진을 보면 생김새가 비슷하여 유전자 검사를 하지 않더라도 혈연관계임을 짐작할 수 있는 경우가 많다. 이처럼 외모, 혈액형, 체질

같은 유전자를 가지고 있는 일란성 쌍둥이

등 여러 가지 특징들은 모두 부모에게서 물려받은 것이다. 이렇게 생물은 저마다의 특징을 가지고 있으며, 이런 특징은 후손에게 전달되어 조상과 비슷한 모습으로 태어난다. 부모에게서 물려받은 머리카락 색깔이나 곱슬거리는 정도, 혈액형, 쌍꺼풀 같은 특징을 '형질'이라고 부른다.

옛날부터 사람들은 부모의 형질이 자손에게 이어진다는 사실을 알고 있었지만, 어떠한 방식으로 유전되는지는 알지 못했다. 이러한 유전의 신비를 밝혀낸 사람은 오스트리아의 수도사였던 멘델(Gregor Mendel, 1822~1884)로, 유전에 일정한 법칙이 있으며 이 법칙에 의해 부모로부터 자식에게 유전 인자가 전달된다고 주장했다. 멘델이 제창한 부모로부터 자식에게 유전되는 인자는 1909년 요한센(Wilhelm Johannsen, 1857~1927)에 의해 '유전자(gene)'로 명명되었다.

그렇다면 유전자는 어디에 들어 있을까? 앞에서 생물의 모든 정보가 담겨 있는 것은 핵이라고 했는데, 핵에는 염색체가 들어 있다. 염색체는 DNA(유전 물질)와 히스톤 단백질로 이루어져 있는데, DNA의 특정 부위에는 생물의 특징을 결정하는 유전정보인 유전자가 있어 염색체를 통해 부모의 형질이 자손에게 전달된다. 유전자는 DNA 상에 배열되어 있으며, 하나의 DNA에는 많은 수의 유전자가 있다.

우리 몸을 이루는 세포 안에 들어 있는 핵은 모두 같은 정보를 갖는다. 즉, 모두 같은 유전자를 가지고 있는 것이다. 유전자의 종류는 머리카락을 만드는 유전자, 백혈구를 만드는 유전자, 소화효소를 만드는 유전자 등 다양하다. 그런데 앞에서 세포의 종류는 220가지 정도이며, 각각 하는 일이 다르다고 했다. 모두 같은 유전자를 가지고 있는데, 어떻게 세포가 하는 일은 다 다를까? 그 이유는 각 세포에서 사용되는 유전자가 다르기 때문이다. 세포는 우리에게 필요한 모든 유전자를 가지고 있지만 자기가 맡은 일에 관련된 유전자만 사용한다. 예를 들어 침샘세포는 머리카락을 만들 수 있는 유전자를 가지고 있지만, 머리카락을 만들지는 않는다. 오직 침샘에서 만들어지는 소화효소인 아밀레이스와 관련된 유전자만 사용할 수 있는 것이다. 세포들은 자기가 맡은 일 이외에는 다른 일을 할 수 없다. 즉 한 번 역할이 정해진 세포는 그 역할과 관련된 유전자만 사용할 수 있다는 규칙을 지켜야만 한다. 이는 줄기세포가 왜 일반적인 세포와 다른지를 알려주는 중요한 차이점이다.

DNA(deoxyribonucleic acid) 구조는 1953년에 제임스 왓슨(James Dewey Watson, 1928~)과 프랜시스 크릭(Francis Crick, 1916~2004)이 밝혀냈고, 그들은 이 공로로 노벨생리의학상을 수상했다. 두 사람은 DNA에 들어 있는 염기의 비가 생물의 종에 관계없이 A와 T가 1:1, G와 C가 1:1인 사실과, DNA 결정 구조 사진을 참고로 해

DNA의 구조

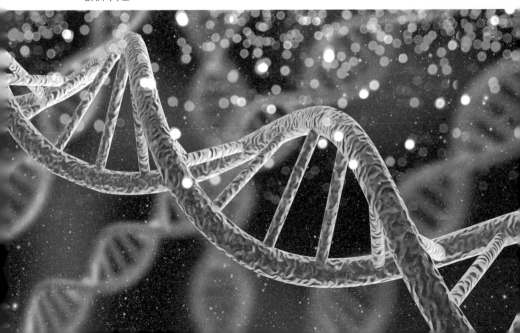

서 DNA의 이중나선 구조 모델을 완성했다. DNA는 2가닥의 사슬이 비틀린 사다리 모양을 이룬 고분자 물질이다. 1가닥의 사슬은 당, 인산, 염기로 이루어진 기본 단위(뉴클레오티드)가 차례로 이어져 만들어진다. 염기는 아데닌(A), 구아닌(G), 시토신(C), 티민(T) 4종류가 있는데, A는 언제나 T와 짝을 이루고, G는 C와 짝을 짓는다. DNA에서 ATGC 4가지 염기의 배열순서는 다양하며, 그중 일부는 유전자가 된다. 생물은 DNA에 유전정보를 기록해 DNA를 유전물질로 사용하며, 이 유전정보를 바탕으로 우리가 살아가는 데 필요한 단백질을 합성한다.

한 생명체가 가진 모든 DNA의 유전정보를 '유전체(게놈)'라고 한다. 게놈(genome)이란 유전자(gene)와 염색체(chromosome)를 합성해서 만든 용어로, 각 종의 유전물질을 구분하기 위해 과학자들이 만든 것이다. 인간 게놈 프로젝트는 인간 게놈의 전체 염기 서열을 해석하는 프로젝트로, 1990년에 시작되어 2003년에 완료되었다. 이 프로젝트를 완료하는 데 약 3조 5000억 원의 비용이 들었다고 한다. 그 사이 다른 생물들의 게놈 서열도 밝혀졌는데, 효모(1996년), 예쁜꼬마선충(1998년), 애기장대(2000년), 초파리(2000년), 생쥐(2002년) 등이 있다.

연구 결과 인간의 게놈은 약 30억 개의 염기쌍, 생쥐의 게놈은 33억 개, 메뚜기의 게놈은 50억 개의 염기쌍을 가지는 등 생물의 종류에 따라 다르지만 엄청나게 많은 염기쌍으로 이루어진 것을 알아낼 수 있었다. 인간의 게놈인 약 30억 개의 염기쌍은 어느 정도의 양일까? 염기쌍을 이루는 염기 서열을 A4용지에 적으면 약 150만 쪽의 분량이며, 두께로 환산하면 A4용지가 165m나 쌓이는 어마어마한 양이다.

그런데 게놈 전부가 유전정보를 갖고 있는 것은 아니다. DNA의 염기 배열 전체에서 유전정보가 위치한 부위가 따로 있는데, 이 부위를 '유전자'라고 한다. 인간 게놈에 있는 유전자 수는 약 2만~2만 5000개인데, 인간 DNA의 전체 염기 배열 중에서 실제 유전자가 차지하는 비율은 약 2%에 불과하다. 각 생물마다 게놈의 크기 및 서열은 다르지만, 각 생물의 유전자는 서로 비슷한 것이 많다. 예를 들어 쥐는 유전자의 90% 이상이 인간과 비슷하다. 이러한 이유로 신약을 개발할 때 동물을 대상으로 안전성과 효과성을 실험할 수 있는 것이다.

4장

자손을 남기기 위한 활동, 생식

생물이 자손을 남기기 위한 활동을 '생식'이라고 한다. 생식은 성과 관계되지 않은 무성생식, 성과 관계되는 유성생식으로 구분된다. 대부분의 생물은 암수로 성이 나뉘어 있지만, 세균이나 원생생물 등 몸이 하나의 세포로 이루어진 단세포 생물은 암수가 구별되지 않는다. 이러한 생물은 무성생식으로 분열하는데, 이러한 방법에는 분열법, 출아법, 영양생식 등이 있다. 아메바, 짚신벌레와 같은 단세포 생물은 몸이 둘로 나누어지면서 각각 새로운 개체가 되는데, 이러한 방법을 '분열법'이라고 한다. 한편 효모, 해파리, 히드라, 말미잘, 산호 같은 생물은 몸의 일부가 혹처럼 돋아서 점점 커지다가 어느 정도 자라면 원래의 몸에서 떨어져 나와 새로운 개체가 되는 '출아법'으로 번식한다. 감자나 딸기는 씨를 만들어 번식할 수 있지만 영양기관인 줄기로 번식하기도 한다. 이처럼 영양기관의 일부가 새로운 개체로 되는 생식 방법을 '영양생식'이라고 한다.

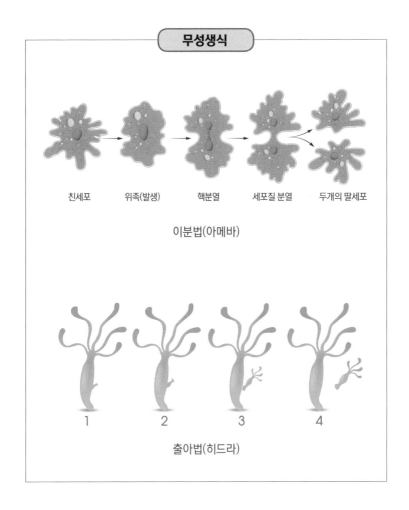

무성생식

친세포　　위족(발생)　　핵분열　　세포질 분열　　두개의 딸세포

이분법(아메바)

1　　2　　3　　4

출아법(히드라)

　　무성생식 방법은 짧은 시간 동안 많은 수의 자손을 만들 수 있다. 그런데 무성생식으로 만들어지는 새로운 개체는 부모와 똑같은 유전정보를 가지고 있기 때문에 부모의 복제품이다. 따라서 농업이나 원예 분야에서 영양생식 방법을 이용하면 좋은 품종의

개체를 얻을 수 있다. 하지만 유전적으로는 동일한 개체의 집단이기 때문에 환경이 변했을 때 적응하지 못하고, 멸종될 위험도 있다.

우리가 좋아하는 과일 중 하나인 바나나가 바로 이런 위험에 처해 있다. 바나나의 기원을 거슬러 올라가면 기원전 5천 년 전부터 동남아시아 근처에서 야생 바나나가 자생한 것으로 추정된다. 오늘날에는 수백 종의 야생 바나나가 존재한다. 그러나 우리가 식용으로 사용하는 바나나는 '캐번디시'라고 부르는 품종으로 사람들이 쉽게 먹을 수 있도록 씨가 없는 형태로 품종 개량된 것이다. 씨가 없는데 어떻게 계속 번식할 수 있을까? 바나나는 여러해살이풀에 속하는 식물로, 바나나가 한 번 열린 줄기에서는 바나나가 다시 생기지 않는다. 그래서 바나나를 키우는 농장에서는 바나나를 수확한 직후 줄기를 베어 버린다. 바나나를 수확한 후 줄기 밑동을 베어내면 땅속줄기에서 새로운 줄기가 자라는데, 이 줄기에서 바나나가 열린다. 즉 영양생식이라는 무성생식 방법으로 번식하는 것이다. 문제는 바나나의 유전적 다양성이 사라져 환경 변화나 병충해에 쉽게 노출된다는 데 있다.

'캐번디시' 품종의 바나나는 '그로스미셸'이라는 품종보다 맛과 향이 덜하고, 쉽게 물러진다. 그래서 1950년대까지는 그로스미셸이 잘 팔리는 상품이었는데, 파나마병이 유행하면서 그로스미셸에 위기가 닥쳤다. 파나마병은 곰팡이가 바나나 뿌리에 감염되어 생기는데, 1903년 파나마에서 처음 발견되어 이 이름이 붙여졌다.

이 병에 걸리면 바나나 잎이 갈색으로 변하면서 말라죽게 된다. 그로스미셀은 이 병에 저항성이 없었기 때문에 순식간에 전 세계로 퍼졌다. 결국 1960년대에 그로스미셀은 판매가 중단되었다.

1960년대 중반 사람들은 파나마병에 저항성을 가진 캐번디시 품종을 찾아내어, 이후 전 세계에 판매되는 바

파나마병에 걸린 바나나

나나는 캐번디시 품종으로 바뀌었다. 문제가 해결되었다고 안심한 것도 잠시, 이번에는 변종 파나마병이 등장하여, 다시 바나나 산업에 위기가 닥쳤다. 1980년대 대만에서 발생한 변종 파나마병으로 인해 대만에서 재배되던 바나나의 70%가 말라 죽었다. 캐번디시 품종은 파나마병에 대해서는 저항성이 있었지만, 변종에는 저항성이 없었던 것이다. 현재까지 파나마병의 치료법은 개발되지 않은 상황이며, 변종 파나마병은 중국, 인도, 호주 등 다양한 나라에 퍼져 캐번디시 품종도 멸종 위기에 놓여 있다. 파나마병 치료

방법이 개발되거나, 변종 파나마병에 저항성을 지닌 새로운 바나나 품종을 개발하지 않는다면, 조만간 바나나를 먹지 못하는 상황이 올 수도 있다.

한편 암수가 구별되는 생물의 경우에는 암수가 각각 생식세포를 만든 후 짝짓기를 통해 번식하는데, 이러한 생식 방법을 '유성생식'이라고 한다. 유성생식을 하는 동물의 세포는 난자와 정자인데, 암컷이 만드는 생식세포는 난자이다. 난자는 일반적으로 생물의 몸에서 가장 큰 세포이며 많은 영양분을 저장하고 있고 스스로 움직이지 못한다. 사람 난자의 지름은 0.1~0.17mm 정도로, 적혈구보다 250배 더 크고 100배 더 무겁다. 여성의 난소에는 많은 수

난자와 정자

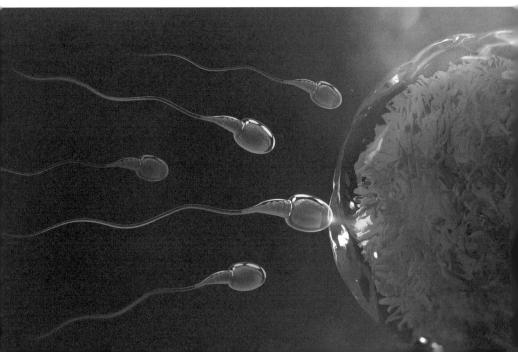

의 미성숙한 난자가 들어 있다. 여성은 사춘기 이후부터 약 28일을 주기로 좌우 난소 중 하나에서 1개의 난자를 성숙시켜 배출하는데, 이를 '배란'이라고 한다. 여성이 일생 동안 배출하는 난자의 수는 약 400~500개 정도라고 한다.

유성생식을 하기 위해 수컷이 만드는 생식세포를 '정자'라고 한다. 사람의 정자는 전체 0.05~0.06mm의 길이로 매우 작으며, 유전정보가 가득 찬 머리 부분과 긴 편모를 가지고 있다. 정자는 편모를 이용해 난자를 향해 이동할 수 있다. 정자는 정모세포에서 만들어지는데, 1개의 정모세포가 감수분열함에 따라 4개의 정세포가 만들어진다. 정세포는 계속 형태적으로 변화해 편모를 가진 정자가 된다. 정자가 만들어지는 데 걸리는 기간은 대개 약 2개월에 걸쳐 한 주기를 이루며, 한 주기를 거치면 수백만 개의 정자가 만들어진다. 남성은 1회의 사정으로 2~3억 개나 되는 정자를 방출하는데, 여성과 달리 일생 동안 만들 수 있는 정자의 수도 무한하다. 그런데, 사람의 세포는 46개의 염색체를 가지고 있다. 난자와 정자 세포가 결합하면 염색체 수는 어떻게 될까? 다행히 유성생식을 하는 생물은 감수분열을 통해 염색체 수를 절반으로 줄인다. 난자나 정자는 감수분열을 통해 23개의 염색체를 가지게 되고, 난자와 정자가 만나면 새 세포의 염색체 수는 정상적인 발달에 필요한 46개가 된다.

유성생식은 암수 생식세포가 만들어지고 수정 후 새로운 개체로 자라기까지의 과정이 복잡하고 시간도 많이 걸린다. 그러나 서로 다른 종류의 생식세포가 결합하면서 다양한 형질을 갖는 자손이 나타나게 되어 환경이 갑자기 변해도 자손이 살아남을 확률이 높아진다. 따라서 유성생식을 하는 생물은 무성생식을 하는 생물보다 환경 변화에 더 잘 적응할 수 있다.

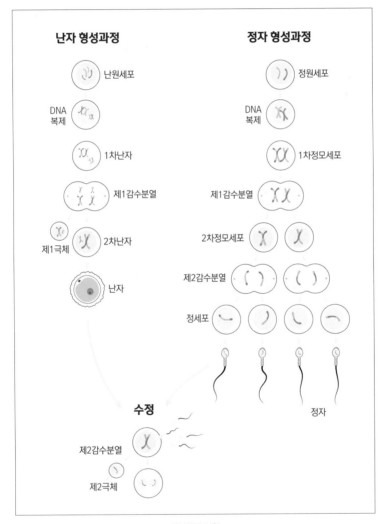

생식세포 분열

5장

아기는 어떻게 탄생할까

하나의 작은 세포에서 사람이 되기까지 어떤 과정을 거치는 걸까? 사람과 같이 유성생식을 하는 동물은 암수가 각각 생식세포분열을 통해 난자와 정자를 만들고, 이들이 수정되어 새로운 자손을 만든다. 아빠의 정자와 엄마의 난자가 만나면 수정란이 되는데, 크기는 마침표보다도 더 작다. 수정란은 1개의 세포지만 수정 후 1~2일 만에 새로운 개체의 몸을 만들기 위한 세포분열을 시작한다. 60조 개의 세포로 구성된 인간이 되려면 아주 많은 세포분열을 해야 한다. 세포분열이란 세포가 두 개로 나누어지는 것을 말하는데, 이때 만들어진 두 개의 세포는 모두 같다. 다시 한번 세포가 분열하면 4개, 또다시 분열하면 8개, 여기서 다시 분열하면 16개로 시간이 지날수록 세포의 수가 늘어나게 된다. 그런데 이 시기에는 세포들이 반으로 나누어지기만 할 뿐 서로 떨어지지 않고 붙어 있다. 그래서 세포의 수는 많아지지만 세포 한 개의 크기는 점점 작아진다. 이 과정을 '난할'이라고 하며, 이때 수정란의

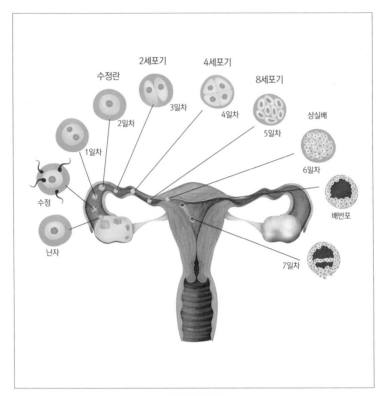

2세포기

4세포기

수정란

8세포기

3일차

4일차

2일차

상실배

1일차

5일차

수정

6일차

난자

배반포

7일차

배란과 수정 과정

전체 부피는 처음과 크게 다르지 않다. 사흘째가 되면 배아는 오
디(뽕나무 열매) 같은 모습이 된다. 그래서 이때의 배아를 뽕나무 열
매라는 뜻으로 '상실배'라고 한다. 나흘째가 되면 액체가 상실배
안으로 흘러들면서 속에 빈 공간이 생긴다.

수정 후 6~7일이 지나는 동안 수정란에서는 계속 세포분열이 일어나 빈 공간을 가진 세포 덩어리인 '배반포'라는 시기가 된다. 배반포 상태는 겉에만 세포들이 잔뜩 붙어 있고 속은 비어 있는데, 이 안쪽은 액체가 가득 들어 있는 공간과 실제로 아기가 만들어지는 세포들이 모여 있는 내부세포 덩어리들로 구분된다. 참고로 배아줄기세포는 배반포의 내부세포 덩어리를 실험실에서 배양해 얻은 세포를 가리킨다. 배반포는 지름이 약 0.1mm에 불과하다. 배반포는 다른 말로 '포배'라고 하는데, 포배는 상실배 다음 단계의 배아이며 이 시기에 자궁에 착상하게 된다. 자궁은 아기가 자랄 집으로 외부의 위험에서 안전하게 보호하고, 어머니에게서 산소와 양분을 공급받아 무럭무럭 자랄 수 있도록 해준다.

이 시기에 배반포 상태의 수정란은 어머니의 자궁에 붙어 탯줄과 태반을 만든다. 탯줄은 임신 4주쯤 만들어지며, 태반에서 나와 태아의 배꼽에 연결된다. 엄마와 태아 사이의 물질교환이 일어나는 통로로 가늘고 긴 띠 모양으로 되어 있으며, 혈관이 들어 있다. 탯줄을 통해 엄마에게서 태아에게 영양분과 산소가 공급되며, 태아로부터 나온 이산화탄소와 노폐물이 엄마에게 전달된다.

이 시기가 지나면 둥근 공 모양에서 점차 사람의 모습을 갖춰가기 시작한다. 3~4주경에는 중추 신경계, 심장, 팔, 다리, 눈, 귀 등이 만들어진다. 5~6주경에는 심장박동이 시작되며, 약 8주가 되면 대부분의 기관이 만들어지고, 완벽하지는 않지만 사람의 모습을 갖추게 된다. 따라서 8주를 기준으로 그 이전까지는 배아, 8주 이후부터는 태아라고 부른다. 아직까지 태아의 크기는 몇 cm

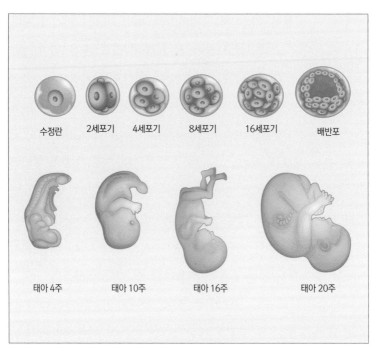

수정란　　2세포기　　4세포기　　8세포기　　16세포기　　배반포

태아 4주　　　　태아 10주　　　　태아 16주　　　　태아 20주

사람의 발생 과정

정도로 작지만, 어머니의 자궁과 연결된 탯줄을 통해 양분과 산소를 받아 무럭무럭 자란다. 이렇게 열 달을 어머니의 뱃속에서 보낸 후 건강한 아기로 태어나게 된다. 갓 태어난 아기는 3.3*kg* 정도로 작지만 시간이 지날수록 점점 키도 커지고 몸무게도 늘어나게 된다.

　성인의 몸에는 구조나 기능이 다른 200종 이상의 세포가 있다. 모든 세포는 수정란부터 분열해서 생긴 세포이며, 가지고 있는 유전정보는 수정란과 같다. 같은 유전정보를 갖는데도 형태나 기능이 다른 이유는 각각의 세포에서 모든 유전자가 작용하는 것이 아니라 특정 유전자만 작용하기 때문이다. 수정란이 8개의 세포로 분열한 단계에서는 각각의 세포에 차이가 없다. 그러나 16개의 세포가 된 단계부터는 차이가 나타나기 시작한다. 수정란에서 분열한 세포는 그 세포가 놓여 있는 위치와 세포 간의 상호작용에 의해 어떤 유전자가 작용해 어떤 세포로 분화하고 어떤 기관을 만들지 결정된다. 일반적으로 일단 분화한 세포는 다른 세포로 분화하지 않는다.

성숙한 난자는 여성의 난소에서 수란관으로 배란되며, 여기서 남성의 정자와 만나 수정이 일어나게 된다. 수정란이 수란관을 따라 이동하다가 자궁벽에 파묻히는 착상을 거쳐야 태아로 자랄 수 있다. 그러나 여러 가지 이유로 수란관이 막혀 있을 경우에는 자연적으로 임신이 되는 것이 쉽지 않다. 이에 많은 연구 끝에 정자와 난자를 몸 밖에서 수정시킨 후 수정란을 자궁에 넣어 임신시키는 방법이 개발되었는데, 이를 '시험관아기 시술'이라고 하며, 이렇게 태어난 아기를 '시험관아기'라고 한다. 이름만 들어서는 마치 시험관 속에 아기가 들어 있는 것처럼 생각될 수도 있지만 사실은 수정란이 어느 정도 발생할 때까지만 몸 밖에서 발생을 진행시키고, 자궁으로 이식하여 임신이 된 후에는 정상적인 임신과 같

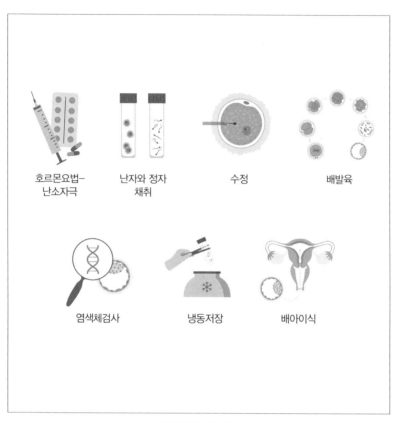

시험관아기 시술 과정

은 과정을 거쳐 출산하게 된다. 1978년 영국에서 루이스 브라운
이라는 최초의 시험관아기가 태어난 이후 수많은 시험관아기 시
술이 진행되었고, 이 방법은 아이를 원하는 많은 난임부부에게 희
망을 주고 있다.

6장

진시황도 피할 수 없는 노화

고대 중국 진나라의 황제 진시황은 많은 사람들에게 영원히 늙지 않고 죽지 않게 해준다는 전설의 불로초를 찾게 했다. 불로초를 찾기 위해 제주도에 사람을 보냈다는 전설도 있다. 진시황이 아니더라도 노화를 막거나 늦출 수 있는 방법은 누구라도 궁금할 것이다. 대부분의 생물은 유성생식으로 자손을 남긴 후, 일정 수명이 되면 노화로 인한 죽음을 맞는다. 수명은 생물의 종류에 따라 다른데 쥐는 3년, 개는 15~18년, 바다거북은 170년 정도이다. 한편 세균처럼 무성생식으로 번식하는 생물은 환경의 변화가 없는 한 거의 무한정 살 수 있다.

노화란 나이가 들면서 몸의 기능이 점차 쇠약해지는 과정이다. 사람은 나이가 들면서 뇌의 무게가 줄어들고, 심장의 혈액운반 능력이 떨어지며, 동맥경화, 골다공증, 시력 저하 같은 증상이 나타난다. 노화의 원인을 설명하는 이론으로는 몇 가지가 있다.

첫 번째는 텔로미어 이론으로 현재 많은 노화 연구자들이 주

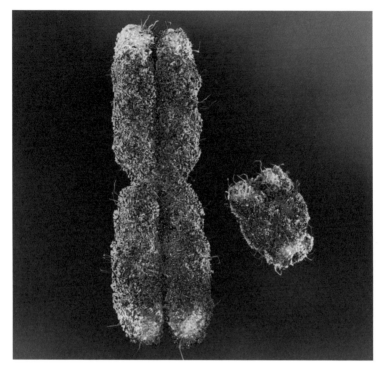

텔로미어

장하는 이론이다. 텔로미어(telomere)는 그리스어 '텔로스(끝)'와 '메로스(부분)'의 합성어로, 세포 속의 염색체 양 끝에 존재하는 부분이다. 생명체는 세포분열을 통해 끊임없이 새로운 세포를 만들어내는데, 세포분열에서 DNA가 복제될 때 텔로미어 영역의 DNA는 완전히 복제되지 않고 끝부분이 약 20염기만큼 짧아진다. 세포분열이 반복됨에 따라 텔로미어가 거의 없어지면 세포는 그 이상 분열할 수 없게 된다. 세포가 더 이상 분열하지 못하고 수명을 다하게 되어 비로소 노화가 진행된다는 것이다.

두 번째는 활성산소에 의한 손상설이다. 활성산소란 산화력이 크고 불안정한 산소로 세포조직을 심하게 손상시킨다. 초기에는 이런 조직들이 자연 치유되지만 점차 나이가 들수록 활성산소에 대한 세포의 방어력이 줄어들어서 몸이 약해지고 노화가 일어난다는 것이다. 그 밖에 또 다른 노화이론으로는 DNA의 손상이 축적되어 노화가 일어난다는 DNA 손상설, 오염된 공기나 방사능, 중금속 같은 물질들로 인해 세포가 제 기능을 못하게 한다는 크로스링크설, 불포화지방산이 산화되면서 생기는 과산화지질이 활성산소를 촉진시키거나 활성산소처럼 작용한다는 과산화지질설 등이 있다.

그리고 이런 이론을 기반으로 노화를 억제하기 위해 활성산소와 같은 유해물질을 줄이는 법과 텔로미어를 복구하는 법이 연구되고 있다. 활성산소는 우리 몸에 피해만 주는 게 아니라 외부 침입자를 제거하기도 하므로 없어서는 안 될 존재이다. 따라서 활성산소의 양을 적절히 조절하는 연구가 진행 중이다. 또 텔로미어를 복구하기 위해 텔로머라아제(telomerase) 유전자를 활성화시키는 호르몬을 주사하는 방법이 연구되고 있다.

줄기세포 연구의 역사

연도	과학사
1665	로버트 훅(Robert Hooke, 1635~1703): 영국의 생물학자, 물리학자, 천문학자로서 다양한 과학 분야를 연구했다. 그는 조명장치를 설치한 현미경을 이용해 코르크 조각을 관찰하여 식물의 세포벽을 발견하고 '세포(cell)'라고 명명했다.
1674	안토니 반 레벤후크(Antonie van Leeuwenhoek, 1632~1723): 네덜란드의 직물 상인, 아마추어 과학자로 성능이 뛰어난 현미경을 제작하여 다양한 미생물을 관찰했다. 현미경으로 연못물을 관찰하던 중 '미생물'을 관찰하고, 라틴어로 작은 동물을 뜻하는 극미동물(animalcules)이라는 이름을 붙였다.
1831	로버트 브라운(Robert Brown, 1773~1858): 영국의 식물학자로 식물의 생식에 관해 연구하던 중 세포의 핵을 발견했다. 그 밖에 물에 떠 있는 꽃가루가 끊임없이 불규칙적인 운동을 하는 것을 발견하고 브라운 운동이라고 명명했다.
1838	마티스 슐라이덴(Matthias Jakob Schleiden, 1804~1881): 독일의 식물학자로 《식물의 기원》이라는 책을 출판했다. 이 책에서 식물의 각 부분은 세포로 이루어져 있다는 '세포설'을 주장했다. 이후 슐라이덴은 세포벽, 핵 등 세포소기관에 관한 연구를 했다.
1839	테오도르 슈반(Theodor Ambrose Hubert Schwann, 1810~1882): 독일의 해부학자이자 생리학자로, 1839년 논문을 통해 동물의 몸이 세포로 구성되어 있다고 주장했다. 슐라이덴과 슈반의 연구 결과를 통틀어 '세포설'이 확립되었으며, 이후 세포학이 발달하는 계기가 되었다. 세포설의 등장으로 생물학은 발생학, 유전학 및 진화론 분야가 발전하는 계기가 되었다.
1865	그레고르 멘델(Gregor Johann Mendel, 1822~1884): 오스트리아의 수도사이자 유전학자이다. 1856년부터 7년간 수도원의 정원에서 완두를 교배하여 완두의 7가지 대립 형질을 이용한 유전 실험을 했다. 1865년 학회에서 '멘델의 법칙'을 주장하는 논문을 발표했으나, 생전에는 크게 주목을 받지 못하다가 사후에 재조명되었다.
1915	토머스 헌트 모건(Thomas Hunt Morgan, 1866~1945): 미국의 유전학자로 초파리를 대상으로 실험하여 멘델의 유전법칙을 증명하고, 유전자가 염색체에 일정한 순으로 배열되어 있다는 것을 발견했다. 1933년 염색체가 하는 역할을 규명한 공로로 유전학 분야 최초로 노벨생리의학상을 수상했다.
1926	허만 멀러(Hermann Muller, 1890~1967): 미국의 유전학자로 초파리에 X선을 쪼여 유전자 돌연변이와 염색체 이상을 일으켜, 인공적으로 돌연변이를 유발할 수 있다는 것을 밝혀냈다. 그리고 대부분의 돌연변이는 생물에게 해롭다는 것도 알아냈다. 이 공로로 1946년 노벨생리의학상을 수상했다.
1933	에른스트 아우구스트 프리드리히 루스카(Ernst August Friedrich Ruska, 1906~1988): 독일의 전기공학자로 기존의 광학현미경보다 월등히 뛰어난 성능을 가진 최초의 전자현미경을 만들었다. 빛보다 훨씬 짧은 파장을 가진 전자들을 사용하는 전자현미경은 훨씬 미세한 크기까지 관찰할 수 있어, 물리학을 비롯한 과학 분야의 발전에 큰 기여를 했다. 그는 이 공로로 1986년 독일의 물리학자들인 비니히, 로러와 함께 노벨물리학상을 수상했다.
1938	알버트 클로드(Albert Claude, 1899~1983): 미국의 세포생물학자로 전자현미경을 이용하여 세포를 관찰하고, 세포소기관을 연구하는 방법인 세포분획법을 개발했다. 세포의 구조와 기능에 관한 발견으로 1974년 벨기에의 과학자들과 드 뒤브, 펄레이드와 함께 노벨생리의학상을 수상했다.
1953	제임스 왓슨(James Dewey Watson, 1928~)과 프랜시스 크릭(Francis Harry Compton Crick, 1916~2004): 왓슨은 미국의 유전학자이며, 크릭은 영국의 분자생물학자이다. 이들은 DNA의 X선 회절 사진 및 그동안 알려진 DNA의 물리화학적 성질을 이용하여 DNA 이중 나선 구조를 만들었다. 1953년 네이처지에 〈핵산의 분자 구조〉라는 논문을 발표했으며, 이들의 연구를 통해 유전공학과 생명공학이 발달하게 되는 계기가 되었다. 이들의 업적은 멘델의 유전법칙, 다윈의 진화론과 함께 생물학의 3대 발견으로 평가된다. 1962년 크릭, 왓슨, 윌킨스가 노벨생리의학상을 공동 수상했다.
1956	아서 콘버그(Arthur Kornberg, 1918~2007): 미국의 생물학자로 대장균에서 DNA 복제가 일어나는 과정을 연구하여, DNA 중합효소 I을 처음으로 분리 정제했다. 콘버그의 연구 방법은 분자생물학 분야에서 중요한 역할을 했다. 1959년 DNA 복제 기작을 발견한 공로로 노벨생리의학상을 수상했다.

1. 범죄 수사현장에서 사용되고 있는 DNA 감식기술은 날이 갈수록 더 정교하게 발전하고 있습니다. 그렇지만 이 결과에 오차가 없다고 확신할 수 있을까요?

2. 미국의 미리어드(Myriad)사는 정상 BRCA 유전자와 유방암을 일으키는 변이된 BRCA 유전자의 염기서열을 비교하여 암을 진단하는 방법에 대해 두 가지 특허를 갖고 있습니다. 인간의 유전자는 이미 인체에 존재했던 것이고, 인간은 유전자의 위치와 기능을 발견하는 것에 불과한데, 그로부터 발생하는 이익을 영리를 추구하는 회사가 독점할 수 있게 하는 것이 합당할까요? 여러분이 판사라면, 한 연구소에서 발견한 유전자에 대해 특허를 신청했을 때 이 특허를 승인할 것인가요? 그렇다면 그 이유는 무엇일까요?

3. 인간은 병을 치료하기 위해 항생제 등의 치료물질을 계속 개발하고 있습니다. 한편 이로 인해 자연 상태보다 많은 돌연변이가 바이러스가 생겨나고 있다는 주장을 하는 학자들도 존재합니다. 이 관점에서 보았을 때, 인간이 돌연변이에 관여하지 않는다고 볼 수 있을까요? 그렇다면 그 이유는 무엇일까요?

4. 노화의 원인이 되는 염색체 말단 부분인 텔로미어와 관련된 연구가 진행되어 인류가 늙지도 죽지도 않는다면 이 세상은 어떻게 될까요?

2부

줄기세포의
명과 암

"카롤린스카연구소의 노벨 의회는 오늘 2007년 노벨생리의학
상을 공동으로 수여하기로 결정했습니다. 올해의 노벨상 수상자
는 마리오 카페키(Mario R. Capecchi), 마틴 에번스(Martin Jhon Evans), 올
리버 스미시스(Oliver Smithies), 3명입니다."

　2007년의 노벨생리의학상은 줄기세포 관련 연구를 한 과학자
세 명이 공동수상했다. 수상자들은 암, 치매, 당뇨병과 같은 질병
을 치료하기 위해 질병과 관련된 유전자를 없애는 것을 목적으로
연구를 시작했다. 특정 유전자를 없애고 다른 유전자로 변형시키
는 유전공학 기술과 배아줄기세포 기술을 결합하여 새롭게 유전
자 적중 기술을 만들었다. 이 기술을 사용한 실험 결과, 특정 질
병 유전자를 없앤 쥐를 만드는 데 성공했다. 이렇게 만들어진 쥐
를 '유전자 적중 쥐'라고 부른다.
　이 기술이 나온 이래 오늘날 약 500개 유전자를 대상으로 유
전자 적중 쥐가 만들어졌다. 이들은 대부분 암, 당뇨병, 치매 같이
사람들에게 많이 생기는 질병과 연관된 유전자를 없앤 쥐이다. 이

마리오 카페키   올리버 스미시스

러한 유전자 적중 쥐를 이용하여 질병을 치료하거나, 병이 진행되는 과정을 연구하는 등 다양한 분야에 이용하고 있다.

사실 특정 유전자를 제거하거나 다른 유전자로 교체하는 기술은 오래 전에 개발되었다. 해충이나 질병에 강한 식물, 특정 영양소가 많이 함유된 채소 등은 유전자를 조작하는 유전공학 기술로 만들어진 것이다. 그러나 동물의 경우 수많은 세포로 이루어진 성체의 모든 세포에서 특정 유전자를 빼내는 것은 불가능하다. 그런데 배아줄기세포 조작을 통해 특정 유전자를 제거한 동물을 만든 것이다. 2부에서는 줄기세포 연구의 역사, 종류, 얻을 수 있는 방법, 할 수 있는 일, 문제점 등에 대해 알아보기로 하자.

1장

미분화된 세포, 줄기세포

줄기세포(stem cell)는 1908년 러시아의 과학자인 알렉산더 막시모프에 의해 만들어진 용어로, 여러 종류의 신체조직으로 분화할 수 있는 능력을 가진 세포를 말한다. 우리 몸은 피부세포, 심장세포, 뇌세포, 근육세포 등 다양한 모습과 기능을 가진 세포들로 구성되어 있다. 수정란 상태일 때는 하나의 세포였으나 세포분열을 통해 많은 세포가 되고, 각각의 세포들이 또 각각 다른 역할을 하는 세포로 분화되면서 사람의 모습을 갖추게 된다. 이처럼 배아 상태의 줄기세포를 '배아줄기세포'라고 부른다.

배아줄기세포가 근육세포, 뼈세포, 피부세포 등과 같이 특정한 기능만을 담당하는 세포로 결정되면 각각의 세포들은 자기 기능에 필요한 유전자만을 발현시킨다. 그렇다면 이제 원재료에 해당하는 줄기세포는 모두 없어진 것일까? 놀이터에서 놀다가 넘어져 무릎이 까지거나 교통사고를 당해 뼈가 부러지거나 헌혈을 해

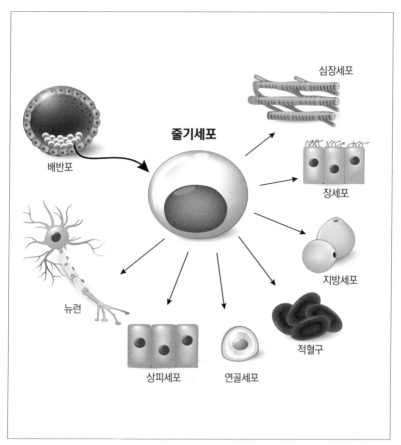

줄기세포의 능력

도, 시간이 지나면 무릎에 새살이 돋고, 뼈가 붙고, 혈액이 다시 생기는 것은 피부세포, 뼈세포, 혈액세포들이 다시 만들어지기 때문이다. 생물에도 수명이 있듯이 세포도 수명이 있다. 120일 정도

사는 적혈구나 10일 정도를 사는 백혈구 등 세포의 종류에 따라 수명이 다르지만, 우리 몸에서는 끊임없이 세포들이 만들어지고 있다. 이렇게 성인이 된 후에도 존재하는 줄기세포를 '성체줄기세포'라고 한다. 성체줄기세포는 각 조직 내부에 소량 존재하며, 분화 가능성이 많이 줄어들어 정해진 몇 가지 종류의 세포로만 분화할 수 있어 배아줄기세포보다는 분화 능력이 떨어진다고 할 수 있다.

한편 최근에는 이미 다 자란 성체세포에 여러 자극을 주어 다시 분화 능력을 부여하는 기술도 개발되었다. 분화 능력이 없는 일반 세포를 이용해 인위적으로 줄기세포를 만들 수 있다는 데에 의의가 있다. 이처럼 줄기세포의 종류에는 여러 가지가 있다.

줄기세포는 아직 분화하지 않은 미성숙 상태의 세포로 체외 배양에서도 미분화 상태를 유지하면서 무한정으로 분열하고 복제할 수 있는 능력을 갖고 있다. 즉 분화 능력은 가지고 있으나 아직 분화는 일어나지 않은 '미분화'된 세포이다. 미분화 상태에서 적절한 조건을 맞춰주면 줄기세포는 다양한 조직세포로 분화할 수 있기 때문에 여러 질병을 치료하는 데 사용할 수 있다. 최근 들어 줄기세포는 난치병 치료와 수명연장의 수단으로 인식되고 있으며, 의학, 약학, 미용 분야에 이르기까지 다양한 분야에서 관련 연구가 진행되고 있다. 줄기세포를 만능 해결사로 생각하는 사람들이 많지만 여러 가지 기술적인 문제와 윤리적인 문제 등 해결해야 할 과제들도 많은 실정이다.

2장

만능 세포, 배아줄기세포

　사람의 탄생은 수정란에서부터 시작된다. 난자와 정자가 만나서 수정란이 만들어지면 세포분열이 시작되는데, 수정란은 2개의 동일한 세포로 분열한다. 만일 이때 두 개의 세포가 떨어지면 유전적으로 똑같은 일란성 쌍둥이가 된다. 발생 초기 단계에서는 모든 세포가 같은 능력을 가지고 있어 어떤 세포로든지 만들어질 수 있지만, 상실기, 포배기, 낭배기 등의 과정을 거치면서 각 세포의 능력은 조금씩 떨어진다. 상실기는 세포가 뽕나무 열매와 비슷하게 생겼다고 해서 붙은 이름이다. 포배기는 세포들이 표면에 층을 만들어 배열하여 안쪽에 빈 공간이 생기는 시기인데, 이 세포들 중 바깥 부분의 세포들은 자궁과 함께 태반을 형성하게 되고, 안쪽의 세포 덩어리(내세포괴)는 낭배기 시기에 분화되어 여러 가지 기관을 형성하면서 태아를 이루게 된다. 이 내부 세포 덩어리를 꺼내 실험실에서 배양한 것을 '배아줄기세포(embryonic stem cell)'라고 한다.

　배아줄기세포는 이론상 220가지의 세포로 분화할 수 있는 만능 세포이다. 또 배아줄기세포는 특별한 조건에서 배양할 경우 무한대로 세포증식이 가능하며, 노화가 되지 않는 세포이기 때문에 한 개의 배아줄기세포만으로도 수많은 환자의 치료에 이용될 수 있는 장점이 있다. 그뿐만 아니라 오랜 기간 배양해도 배아줄기세포에 들어 있는 염색체의 이상이 나타나지 않기 때문에 의학적으로 이용가치가 높은 획기적인 치료법이 될 수 있다. 반면, 배아줄

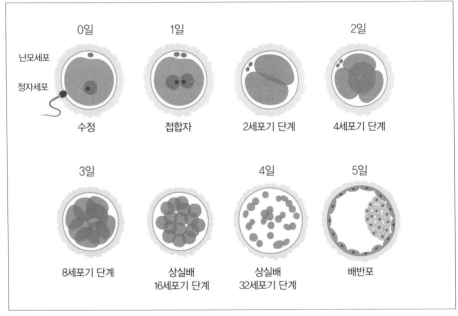

배아 발생 과정

기세포를 얻기 위해 내부 세포 덩어리를 꺼내면 배아 자체가 파괴되기 때문에 생명윤리 관련 논쟁이 일어나기도 한다.

인간 배아줄기세포가 처음 만들어진 것은 1998년이지만, 최초의 배아줄기세포는 1981년 영국의 생물학자 마틴 에번스 교수팀이 만든 생쥐 배아줄기세포이다. 사실 생쥐 배아줄기세포 연구는 영국과 미국에서 불과 수개월의 간격을 두고 각각 독립적으로 성공했다. 영국 케임브리지대 유전학과의 마틴 에번스 교수팀이 〈네이처〉지 7월 9일 자에 먼저 발표했고, 뒤이어 미국 캘리포니아대 해부학과의 게일 마틴 교수가 〈미국국립과학원회보(PNAS)〉 12월호에 발표했다. 참고로 배아줄기세포라는 용어를 처음 사용한 건 게일 마틴 교수의 논문이라고 한다.

에번스 교수는 배아가 발달하는 과정을 연구하고 있었는데, 실험에 쓸 세포를 충분히 얻을 수 없었다. 이에 배아의 초기 발생 단계에서 배아 내부에 있는 내세포괴를 이용해서 계속 배양할 수 있고 모든 세포로 분화할 수 있는 전분화능을 가진 세포를 만들려고 했다. 이에 연구자들은 생쥐의 배아가 자궁에 착상하지 못하게 호르몬 처리를 한 후, 배아를 꺼내어 페트리 접시(배양 접시)에서 배양하여 내세포괴의 수를 늘렸다. 다음으로 내세포괴만 따로 채취하여 세포분화를 억제하고 증식할 수 있는 처리를 하여 줄기세포를 얻을 수 있었다. 이후 에번스 교수는 배아줄기세포에서 유전자 조작을 한 키메라 생쥐를 만드는 데 성공했다. 그가 만든 키메라 생쥐는 질병을 연구하는 데 유용하게 사용되었다. 에번스 교수

마틴 에번스

는 세계 최초로 쥐의 수정란에서 초기 배아줄기세포를 추출해 냄으로써 줄기세포 치료와 유전자 치료를 연구하는 데 크게 이바지한 공로로 마리오 카페키, 올리버 스미시스와 함께 2007년 노벨생리의학상을 공동 수상했다

이후 배아줄기세포 연구는 인간을 대상으로 진행되기 시작했다. 생쥐의 발생 단계와 인간의 발생 단계는 많이 다르기 때문에 과학자들은 먼저 원숭이의 배아줄기세포를 연구하면서, 인간의 배아줄기세포를 만드는 데 도전했다. 그러나 인간의 배아줄기세포 제작은 물론 원숭이의 배아줄기세포 제작도 쉽지 않았다. 1995년이 되어서야 미국 위스콘신대학의 제임스 톰슨(James Thomson) 교수팀은 레서스원숭이를 대상으로 배아줄기세포 제작에 성공했고, 1998년에 드디어 인간의 배아줄기세포 제작에 성공한다.

한편, 1996년 복제양 돌리의 탄생은 인간복제 배아줄기세포 연구가 시작되는 계기를 만들었다. 2001년 10월 미국의 ACT사는 인간복제 배아를 만드는 데 성공했다고 발표했다. 그러나 6세포기까지만 진행되어 줄기세포를 얻는 데에는 실패했다. 2004년 우리나라 서울대 황우석 교수팀이 세계 최초로 인간복제 배아줄기세포주를 확립했다고 발표했는데, 후에 조작된 연구결과임이 밝혀져 전 세계적으로 큰 파문이 일어났다.

이 사건으로 인해 사람들은 인간배아복제가 가능한지에 대해 의문을 가지게 되었다. 수천 개의 난자를 사용했음에도 불구하고 인간복제 배아줄기세포를 만드는 데 실패했기 때문이다. 이후 우리나라를 비롯하여 전 세계적으로 인간배아복제 연구는 주춤하게 되었다. 성공 여부도 알 수 없는 데다 생명윤리 문제에서 자유롭지 못한 인간배아복제 연구를 하는 것이 부담이 되기 때문이었다. 더구나 2006년에 배아를 이용하지 않고도 배아줄기세포와 비슷한 역할을 하는 유도만능 줄기세포가 등장하면서 한동안 인간배아복제 연구는 지지부진한 상황이었다. 그러다가 2013년 5월 미국 오리건 보건과학대학의 슈크라트 미탈리포프(Shoukhrat Mitalipov) 교수 연구진이 최초로 인간복제 배아줄기세포를 만드는 데 성공했다. 이 연구에는 미국에 거주하는 20~30대 여성 9명이 기증한 난자 126개가 사용되었고, 이 중에서 4개의 줄기세포를 만드는 데 성공했다. 인간복제 배아줄기세포의 성공은 과학의 쾌거이기는 하지만, 생명윤리 논란과 함께 복제인간이라는 또 다른 문제점이 나타나게 되었다.

배아줄기세포를 만드는 방법

　배아에서 줄기세포를 얻는 방법은 세 가지가 있다. 유산된 태아에서 얻는 방법과 냉동 배아에서 얻는 방법, 복제 배아에서 얻는 방법이다. 각각의 방법에 대해 자세히 알아보도록 하자.

　임신 중에 산모나 태아에 문제가 생겨 유산되는 경우가 있다. 이 중 8~12주 정도 된 태아의 생식세포에서 줄기세포를 얻을 수 있다. 포배기 시기에 얻는 배아줄기세포보다는 분화 능력이 떨어지는 단점이 있지만, 이미 죽은 태아에서 줄기세포를 얻기 때문에 윤리적인 문제는 발생하지 않는다. 한편 시험관아기 시술을 하고 남은 배아를 이용해 얻을 수도 있다. 여러 가지 문제로 아이를 갖지 못하는 부부들은 시험관아기 시술을 시도하게 된다. 이때 부모의 정자와 난자가 필요한데, 한 번에 많은 양을 얻을 수 있는 정자와는 달리 난자는 한 달에 한 개만 얻을 수 있다. 한 개의 난자로는 시험관 시술의 성공률이 높지 않기 때문에 한 번의 시술에서 많은 난자가 필요하다. 따라서 여성에게 과배란을 유도하는 호르몬제를 투여하여 10개 정도의 난자를 채취하게 된다. 이렇게 얻은 난자를 남편의 정자와 수정시켜 수정란을 3~5일간 여성의 자궁과 비슷한 환경으로 만든 배양기에 넣은 후 발생을 유도한다. 이 중에서 상태가 좋은 2~3개의 수정란을 여성의 자궁에 착상시키는데, 이때 사용하지 않고 남은 배아는 영하 196℃의 초저온에서 냉동 보관한다. 임신에 실패하면 다시 인공수정에 쓰이기도 하

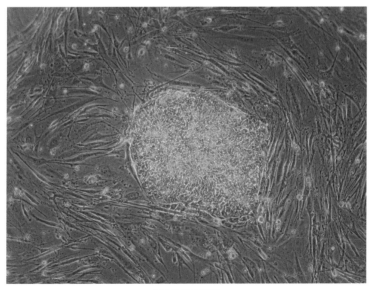

인간 배아줄기세포

지만, 더 이상 필요 없을 때는 부모의 동의를 받아 폐기할 수도 있다. 배아줄기세포는 이렇게 폐기될 예정인 냉동 배아를 이용해 만드는 것이다.

줄기세포를 얻기 위해서는 우선 냉동 배아를 37℃로 해동한 다음 3~5일 동안 배양하여, 배반포기까지 기른 다음 안쪽의 세포 덩어리만 떼어낸다. 분리된 내세포괴는 분화를 억제하고 계속 분열만 시키는 배양액에 넣어 수를 많이 늘린다. 이 과정을 반복하면 분화되거나 죽지 않고 증식만 계속하는 줄기세포를 얻을 수 있는데, 이를 '배아줄기세포주'라고 한다. 이와 같이 냉동 배아를 이용해 배아줄기세포를 얻는 방법은 1998년 미국 위스콘신대의 제임스 톰슨 박사팀이 세계 최초로 개발했다. 현재에는 냉동 배아를 이용해 줄기세포를 얻는 방법이 가장 많이 이용되고 있다. 하지만 이 방법은 배아를 해동시키는 동안 배아가 손상될 가능성이 있다는 기술적 문제와 연구에 사용된 배아에 대한 윤리적 논쟁이 남아 있다.

마지막으로 복제 배아에서 얻는 방법이 있다. 복제양 돌리를 만든 방법처럼 복제 배아를 만드는 것이다. 복제 배아줄기세포를 만든 미탈리포프 교수 연구진의 실험 방법은 다음과 같다. 과학잡지 〈셀(CELL)〉에 실린 논문에 따르면 기증받은 난자에서 핵을 제거하고 다른 사람 피부세포의 핵을 넣은 뒤 전기충격을 주어 핵융합을 일으켜 복제 배아를 만드는 방법이다. 이후 배반포기 단계에 이른 배아에서 배아줄기세포를 채취하는 것이다. 기존의 다른 연구와 달리 미탈리포프 교수팀이 복제배아줄기세포를 만드는 데 성공한 것은 난자의 질과 난자에 체세포를 주입하는 시각 조절이었다. 기존 연구에서는 복제된 배아가 너무 빨리 발달해 사용할 수 없는 경우가 많았는데, 그들의 연구에서는 배아의 발달을 지연시키는 데 카페인을 사용해 성공했다. 이 방법은 체세포를 제공한 사람의 유전정보를 가지기 때문에 조직 거부 반응이 없는 장점이 있는 반면, 인간복제의 가능성이 있다는 점에서 윤리적 논쟁이 거세다는 문제가 있다.

줄기세포의 유용성에도 불구하고, 몇 가지 기술적인 문제가 있어 사용이 제한된다. 앞에서도 말했지만 배아줄기세포는 이론적으로 220가지의 조직으로 분화할 수 있기 때문에 만능 세포로 불린다. 그러나 이제까지의 연구에 따르면 30~40여 종의 세포 분화에만 성공했기 때문에 줄기세포 연구를 반대하는 사람들은 생명체가 될 수 있는 배아를 파괴해서까지 연구할 필요는 없다고 말한다. 또한 성체줄기세포에 비해 분화과정이 쉽고 결과를 빨리 알 수 있지만, 분화에 대한 조절이 어렵고, 안정적으로 줄기세포를 얻을 수 있을지에 대해서는 아직 검증이 되지 않았다. 배아줄기세포를 필요한 조직이나 장기의 세포로 변화시킬 방법이 미완성이라는 문제도 있다. 이것이 제대로 이루어지지 않으면 배아줄기세포는 암세포로 변화되어 암을 일으킬 가능성이 있다. 이밖에 수정란으로 만든 배아줄기세포는 다른 사람의 유전정보를 가지고 있어, 면역 거부 반응이 있기 때문에 타인을 치료하는 데에는 적합하지 않다.

복제 배아를 이용한 줄기세포의 경우에는 이식 거부 반응이 없어 환자 맞춤 치료가 가능하다. 그러나 아직은 이론적인 이야기일 뿐 성공한 사례는 없다. 또한 선천적으로 유전병을 앓고 있는 환자의 경우는 복제 배아줄기세포 치료법을 사용할 수 없다. 이 환자의 세포를 이용해 줄기세포를 만들면, 역시 유전적인 결함을 갖기 때문이다. 따라서 복제 배아줄기세포는 사고로 장기가 손상되었거나 유전적인 질병이 아닌 후천적인 병에 걸린 환자에게만 적용될 수 있다. 한편 복제 배아로 만든 줄기세포는 수명이 제한되어 있다는 문제점도 있다. 복제양 돌리의 경우에서 알 수 있듯이 다 자란 양의 세포를 이용해 태어난 돌리는 일반적인 양의 수명인 10~16년을 다 채우지 못하고, 6년 정도밖에 살지 못했다. 언뜻 보면 이른 나이에 죽은 것처럼 보이지만, 실제로는 제 수명을 다 살고 간 것이 밝혀졌다. 왜냐하면 돌리에게 세포를 준 어미 양의 나이가 이미 6세여서 이를 더하면 양의 평균 수명이 되기 때문이다. 이 결과를 복제배아줄기세포 연구와 관련지어 생각한다면, 면역 거부 반응 없이 환자를 치료하기 위해 환자 자신의 세포를 사용하여 줄기세포를 만들 경우, 그 줄기세포도 이미 환자만큼 나이를 먹은 셈이다. 그 때문에 나이가 많은 환자에게 치료 효과를 보기 어렵다는 문제가 있다. 이런 여러 가지 문제 이외에도 복제 배아줄기세포는 인간복제의 가능성 때문에 아직까지 많은 논란이 되고 있다.

연구자들이 만든 배아줄기세포가 진짜 배아줄기세포인지를 인정받기 위해서는 만능성을 가지고 있는지를 알아봐야 한다. 이를 위해 만들어진 배아줄기세포를 성체 동물에 이식하여 테라토마를 형성하는지 알아본다. 테라토마(Teratoma, 기형종)는 비정상적으로 분화된 세포를 말하며 일종의 종양(암)이다. 이는 주로 정소나 난소에서 나타나는데 일반적인 종양이 한 가지 세포들로 이루어진 반면, 테라토마는 피부, 근육, 신경세포 등 다양한 세포와 조직으로 이루어져 있으며 털이나 이빨이 생기기도 한다. 이러한 테라토마는 배아줄기세포의 분화 능력을 검증할 때 이용된다. 배아줄기세포는 모든 종류의 세포로 분화할 수 있는 능력이 있기 때문에 배아줄기세포를 만드는 마지막 단계에서 배아줄기세포에서 테라토마가 만들어지는지를 확인하는 과정을 거친다. 그 결과 모든 배엽에서 유래한 조직들이 뒤섞인 종양이 생긴다

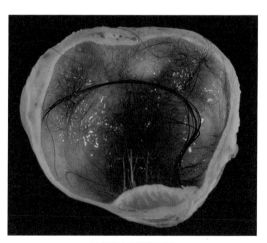

난소에서 생긴 테라토마

면, 그 세포는 만능성을 지닌다고 판단하는 것이다.

4장

성체줄기세포의 종류와 장단점

1900년대 초반 의사들은 빈혈이나 백혈병으로 고생하는 환자에게 골수를 먹이는 치료를 했다고 한다. 골수는 뼛속의 공간을 채우는 액체 상태의 조직으로 혈액을 만드는 역할을 한다. 빈혈과 백혈병 모두 혈액에 문제가 생긴 병인데, 의사들은 줄기세포의 존재는 몰랐지만 골수에 적혈구와 백혈구를 만들어낼 수 있는 무언가가 있다는 것은 알고 있었기 때문에 이러한 치료법을 사용한 것이다. 그러나 골수를 환자에게 먹이는 것으로 병을 치료할 수는 없었다. 1950년대 후반에는 프랑스와 미국에서 사람에게 직접 골수를 이식하는 방법으로 백혈병에 걸린 환자들을 치료했다. 물론 이때도 골수 안에 들어 있는 줄기세포의 존재는 아무도 증명하지 못했지만, 실제 이러한 치료가 성공하면서 골수 이식은 백혈병을 치료하는 방법으로 자리 잡게 되었다.

실제로 골수에서 줄기세포를 발견한 것은 한참이 지나서였다. 1960년대 초, 캐나다의 제임스 틸(James Till)과 어니스트 맥컬럭(Ernest Mcculloch) 박사팀은 생쥐에게 방사선을 쪼여 골수세포를 파괴한 다음 정상 골수를 이식했다. 그 후 일부 생쥐의 비장에서 작고 하얀 응어리가 생긴 것을 관찰했는데, 응어리의 수는 이식한 골수의 양과 비례했다. 즉, 이식한 골수가 많을수록 응어리의 수도 증가했다. 그리고 골수가 비장에서 여러 가지 혈액세포 덩어리를 만드는데, 이것이 골수의 조혈 줄기세포 한 개에서 유래했다는 사실을 증명했다. 이 세포는 같은 형태를 유지하며 분열할 수 있을 뿐만 아니라 혈액을 구성하는 세 가지 종류의 세포로 변할 수

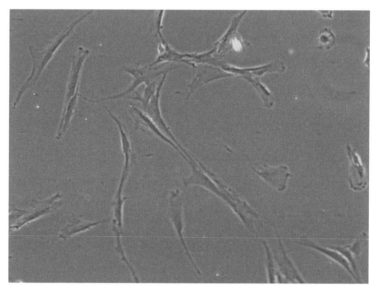

인간의 골수 유래 중간엽 줄기세포

도 있었다. 이 세포가 바로 줄기세포로, 배아줄기세포와 달리 성체에서 발견되었기 때문에 '성체줄기세포(adult stem cell)'라고 한다.

성체줄기세포의 주요 기능은 해당 장기가 손상될 경우에 복구하는 역할을 한다. 예를 들어 넘어져서 피부가 찢어지면 피부에 있는 줄기세포가 피부조직으로 분화되면서 스스로 복구하는 것이다. 혈액을 만드는 조혈 줄기세포의 경우에 당장 필요한 적혈구나 백혈구로 분화하기도 하지만, 이들을 다 써서 없어지지 않도록 자기와 같은 줄기세포를 만들어내기도 한다. 성체줄기세포의 종류에는 조혈모세포, 중간엽 줄기세포, 신경 줄기세포 등이 있다. 조혈모세포는 적혈구·백혈구·혈소판 등 혈액세포를 생산하는 미분화된 줄기세포로 골수 이식에 필수적이다. 골수에서 자가 복제 및 분화를 통해 백혈구, 적혈구 및 혈소판 등의 혈액세포를 만들어내는 세포로, 성인에게는 골수에 약 1% 정도의 적은 양으로 존재한다. 중간엽 줄기세포는 골수와 제대혈에서 채취하는 줄기세포의 하나로, 체내에 대략 100만 개가 존재하는 것으로 알려져 있다. 조혈모세포와 달리 지방, 골세포, 연골세포와 같은 중요한 세포 계열로 분화할 수 있다. 신경 줄기세포는 자기 재생 능력이 있는 만능 세포로, 여러 가지 종류의 신경세포로 분화할 수 있는 능력이 있다.

그간 성체줄기세포는 뇌와 골수 등 우리 몸의 극히 일부에만 있을 것으로 생각되었지만, 최근 들어서는 뇌와 골수뿐만 아니라 피부, 지방조직, 신경조직, 혈관, 근육, 간, 이자, 신장, 폐 등 거의 모든 장기에 있다는 것이 밝혀졌다. 성체줄기세포는 우리 몸의 어느 부분에 존재하는지에 따라 각기 다른 특성을 나타내며, 분화할 수 있는 영역에 있어서도 차이를 보인다. 과거에는 한 조직에 있는 성체줄기세포는 오직 그 조직의 세포로만 분화한다고 알려져 있었지만, 최근에는 다른 조직의 세포로도 분화할 수 있다는 연구 결과들이 보고되고 있다.

지방조직은 인체에 비교적 광범위하게 분포되어 있고, 지방세포, 혈관, 신경, 물 등으로 이루어져 있다. 이 지방조직은 영양소를 저장하는 일만 하는 것이 아니라, 골수의 천 배에 달하는 줄기세포가 보관되어 있다. 이것이 중간엽 줄기세포인 지방 줄기세포인데, 지방 줄기세포는 지방세포보다 지방조직 내 혈관 주위에 가장 많이 존재한다. 지방조직은 복부의 피하지방에 집중되어 대체로 이곳에서 채취하지만 이밖에도 복강 내, 무릎 안쪽, 허벅지 안쪽, 옆구리, 엉덩이, 가슴 등에서도 지방조직을 채취해 지방 줄기세포를 얻을 수 있다. 보통 1g의 지방흡입 조직에서 40~50만 개의 세포를 분리할 수 있다.

골수는 적혈구나 백혈구, 혈소판과 같은 혈액세포를 만들어 공급하는 뼈 사이의 공간을 채우고 있는 부드러운 조직이다. 골수는 두 종류의 줄기세포를 가지고 있다. 골수의 혈액에는 조혈모세포라는 것이 약 1% 존재하는데, 이것은 모든 혈액세포를 만들어 낼 수 있는 능력을 가지고 있다. 조혈모세포는 자기와 같은 세포

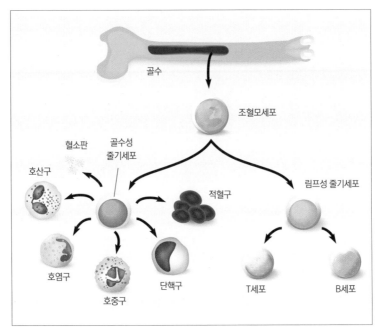

골수 줄기세포

를 만들어낼 수 있는 자기복제 능력과 산소를 운반하는 적혈구, 우리 몸에 침입하는 균들을 막아내는 백혈구, 지혈을 담당하는 혈소판으로 분화할 수 있는 혈구 분화 능력이 있어 혈액 질환이나 면역 질환 등의 난치성 질환을 치료하는 데 유용하게 사용된다. 골수 줄기세포의 경우에 40년 전부터 사용되고 있다. 예전에는 전신마취를 하고 엉덩이뼈에서 뽑아냈기 때문에 골수를 기증하는 사람이 매우 아팠지만, 지금은 골수에 있는 줄기세포를 혈관으로 이동시켜서 마치 헌혈하듯이 뽑을 수 있어 편하게 사용되고 있다. 한편 골수에는 또 다른 한 가지의 줄기세포가 존재하는데, 바로 중간엽 줄기세포이다. 중간엽 줄기세포는 골수뿐만 아니라 지방, 태반, 제대혈에서도 채취할 수 있다.

태아는 엄마의 자궁에서 모체의 태반과 연결된 탯줄을 통해 생명을 유지하고 발육에 도움이 되는 필수영양분과 산소를 공급받는다. 제대혈은 엄마와 아기의 생명선 역할을 하는 탯줄에서 채취한 혈액을 말하며, 제대혈 속에는 혈액세포를 생성하는 조혈모세포와 우리 몸의 연골과 뼈, 근육, 지방, 신경 등을 만드는 중간엽 줄기세포가 들어 있다. 신생아가 태어나면 산모의 태반과 탯줄이 남는데 이때 탯줄에서 제대혈을 채취한다.

탯줄에서 줄기세포를 분리하는 과정은 매우 복잡하다. 자궁에 붙어 있는 탯줄을 자른 뒤 항응고제 처리를 하여 응고되지 않은 상태의 혈액을 추출한다. 탯줄 혈액에는 줄기세포 이외에도 적혈구, 백혈구, 혈장 등 다른 종류의 세포들이 존재하기 때문에 순수한 줄기세포만 따로 분리한다. 그리고 냉동 보존제를 처리하여 냉동보관을 할 때 줄기세포의 수분이 세포를 파괴하지 않도록 한다. 보통 100ml 정도의 혈액을 채취할 수 있으며, 채취된 제대혈은 이식받기 전까지 영하 196℃의 온도에서 냉동 보관을 해야 한다.

같은 양의 제대혈과 골수를 비교해보았을 때 제대혈에는 성인 골수의 약 10배에 해당하는 조혈모세포가 들어 있는 것으로 알려져 있다. 제대혈은 골수에 비해 채취 과정이 안전하고 간편하며, 제대혈에 들어 있는 조혈모세포는 골수에 들어 있는 조혈모세포보다 미성숙하다. 그래서 골수 조혈모세포는 유전인자 6개가 다 일치해야 이식이 가능하지만, 제대혈 조혈모세포는 3~4개의 유전인자만 맞으면 이식이 가능하고 이식 수술 후에 면역학적인 부작용이 훨씬 더 적다는 장점이 있다.

태반은 임신 중에 태아를 위해 특별히 만들어지는 것으로 무게 500g, 지름 5~20cm, 두께 2~3cm 정도의 원반 모양으로 생겼다. 태반의 한쪽은 엄마, 다른 한쪽은 태아와 맞닿아 있는데, 그 사이 공간에 엄마의 혈액이 담겨 있어 태아에게 영양분을 공급한다. 태반은 양막, 융모막, 탈락막으로 구성되어 있으며, 태아에게

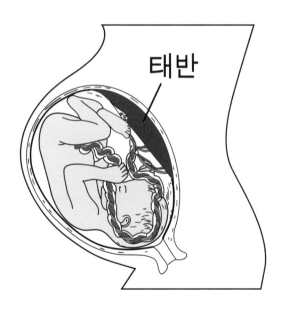

영양물질 및 산소를 공급하고 태아의 배설물을 제거하는 등 여러 가지 역할을 하여 태아가 잘 자랄 수 있게 해준다. 태반에 있는 줄기세포를 '태반 줄기세포'라고 한다. 태반 줄기세포는 존재하는 위치에 따라 양막 줄기세포, 융모막 줄기세포와 탈락막 줄기세포로 나뉜다. 태반에서 나오는 줄기세포는 성체줄기세포 중 가장 이른 시기의 줄기세포이기 때문에 비교적 다양한 종류의 세포로 분화될 수 있다. 또한 출산과 동시에 나오기 때문에 얻기도 쉽고 보관도 쉽다. 그리고 태반에는 제대혈의 천 배에 달하는 많은 양의 중간엽 줄기세포가 있어, 태반 줄기세포는 여러 번 사용이 가능하다. 이러한 특징을 가지고 있는 태반 줄기세포는 다양한 질병 치료에 이용되기도 한다.

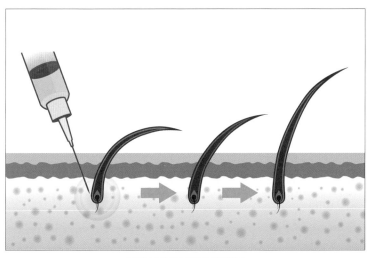

모낭줄기세포를 이용한 탈모치료

모낭은 포유동물만이 가지고 있는 피부의 부속기관으로, 여기에도 줄기세포가 있다. 모낭 줄기세포는 탈모를 방지하고 모발이 자라는 과정을 촉진한다. 한편 연구에 따르면 모낭 줄기세포는 모낭 세포 재생에 관여한다. 그뿐 아니라 척수가 손상된 쥐에 삽입한 결과, 신경세포로 분화하여 척수손상을 개선시켰으며 피부재생에도 관여하는 것으로 밝혀졌다. 모낭 줄기세포는 환자 자신의 모낭에서 채취해서 쓸 수 있기 때문에 거부반응이 없으며 배아줄기세포와 달리 윤리적 문제를 피할 수 있다는 장점이 있다.

성체줄기세포는 윤리적 문제가 없고 면역 거부반응 없이 사용할 수 있으며 비교적 안정성이 입증되어 실제 임상적용이 되고 있다. 또한 많은 양을 얻을 수 있어서 실험실에서 줄기세포 양을 늘리지 않고 바로 사용할 수 있다는 것도 장점이다.

하지만 성체줄기세포는 대부분 나중에 어떤 세포로 분화할지 모르기 때문에 활용할 수 있는 범위가 배아줄기세포에 비해 좁은 것이 단점이다. 즉, 다양한 병을 치료하지 못한다. 그리고 체내에 매우 적은 양만 있고, 다른 세포들과 같이 있어 순수한 줄기세포를 분리하기가 어렵다. 게다가 성체줄기세포는 어느 정도 자라게 되면 줄기세포로서의 능력을 잃어버린다. 또 평소에는 활동을 하지 않고 조직이 질병이나 부상에 의해 다친 뒤에야 줄기세포가 활성화되어 분열을 시작한다. 사람이 나이가 들수록 줄기세포의 수가 감소하여 성체줄기세포도 나이가 들수록 줄어든다.

5장

생체시계를 거꾸로 돌리는, 역분화 줄기세포

배아줄기세포는 생명 파괴, 인간복제 가능성 등의 윤리적 문제가 있다. 성체줄기세포는 양이 많지 않고, 사용에 제한이 있다는 문제가 있다. 그래서 배아줄기세포와 성체줄기세포 이외에 줄기세포를 얻는 새로운 방법이 등장했다. 이미 다 자란 세포를 역분화하여 줄기세포를 만드는 방법으로, 이렇게 만들어진 세포를 '역분화 줄기세포(induced pluripotent stem cell: iPS)' 또는 '유도만능 줄기세포'라고 한다. 역분화 줄기세포란 이미 분화가 끝난 체세포에 특정 유전자를 주입하는 등 인위적 자극을 주어 배아줄기세포처럼 인체의 모든 장기로 분화가 가능하게 만든 세포를 말한다. 이는 모든 세포가 줄기세포로서 다시 삶을 시작하는 작업으로 생체 시계를 거꾸로 돌리는 것과 같다.

역분화 줄기세포를 만드는 방법은 다음과 같다. 2006년 일본 교토대학 야마나카 신야(Yamanaka Shinya) 박사는 생쥐의 피부세포

야마나카 신야

를 배양한 후, 만능성을 지닌 줄기세포로 바꾸는 데 필요한 4개의 유전자가 들어간 레트로 바이러스를 넣어 배아줄기세포와 같은 방식으로 배양했다. 그 결과 배아줄기세포와 똑같은 iPS 세포를 제작하는 데 성공했다. 2007년에는 인간의 피부세포를 이용해 iPS 세포를 제작하는 데 성공했다. 한편 미국 위스콘신대학교의 제임스 톰슨 교수팀도 아기의 피부에서 얻은 세포를 이용해 신야 교수팀과 같은 역분화 줄기세포를 배양하는 데 성공했다. 성체세포를 가지고 줄기세포를 만든 두 사람의 연구는 거의 같은 시기에 사이언스에 실렸으며, 생체 시계를 돌리는 것과 같은 역분화가 가능하다는 것을 보여주었다. 이 연구의 핵심은 피부세포를 뽑아낸 뒤 바이러스와 같은 전달체를 이용하여 역분화 유도에 필요한 유전자와 화학물질을 세포에 넣어 세포의 염색체를 재프로그래밍한 것이다. 즉 이미 분화가 끝난 성인의 세포에 줄기세포의 특징을 부여하는 조작된 유전자를 넣어 배아줄기세포와 같은 세포 생성 초기의 만능 세포 단계로 되돌린 것이다.

이렇게 생산한 줄기세포를 원하는 세포로 분화하여 특정 세포

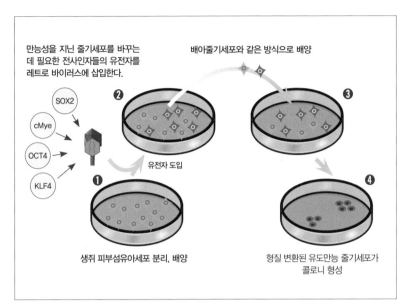

역분화 줄기세포를 만드는 과정

나 조직이나 장기로 만들 수 있게 되면 재생의학에 혁신적인 발전을 불러올 수 있다. 이러한 연구는 성체조직의 세포를 이용하기 때문에 배아를 사용할 때 받는 윤리적 비판을 피할 수 있고, 많은 줄기세포를 지속적으로 공급할 수 있는 장점도 있다. 특히 환자 자신의 성체세포를 가지고 배아줄기세포를 만들기 때문에 거부반응이 없는 것도 큰 장점이다.

하지만 역분화 줄기세포에 장점만 있는 것은 아니다. 역분화 줄기세포를 만들고 나면 배아줄기세포와 같은 능력을 가지고 있는지 확인해보아야 한다. 잘못하면 역분화 과정에서 암이 발생할

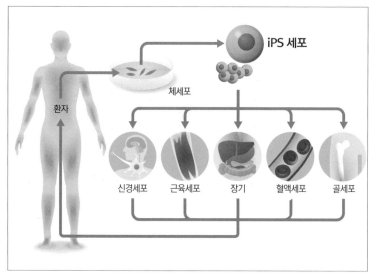

역분화 줄기세포

수 있기 때문이다. 또한 역분화 줄기세포를 이용한 치료법은 아직 안정성이 검증되지 않았다는 문제도 있다.

　줄기세포 연구를 할 때마다 매번 배아나 성체조직에서 새로 만들기는 어렵다. 그래서 과학자들은 한 번 만든 줄기세포를 이용해 계속 같은 줄기세포를 만들어내는 방법을 연구했지만 쉽지 않았다. 이 문제는 1998년 미국 위스콘신대학교의 제임스 톰슨 박사가 해결했다. 방법은 다음과 같다. 난할 단계의 배아(약 2일 된)를 해동시켜서 배양하여 배반포 단계까지 발달시킨다. 그 다음 배반포의 바깥층을 없애고, 내부세포 덩어리만 남긴다. 내부세포 덩어리에서 줄기세포들을 채취하여 플라스틱 배양 접시로 옮긴 다음, 여기에 줄기세포의 성질을 잃지 않으면서 계속 자라게 하는 배양액을 넣어준다. 배양접시가 가득 찰 때까지 줄기세포를 기르면, 줄기세포는 더 이상 늘어나지 않는다. 새로운 배양접시에 줄기세포를 옮긴 다음, 다시 이 접시에 줄기세포가 꽉 차게 자랄 때까지 기른다. 이 상태에서 그 세포는 무한정 살면서 증식할 수 있으며, 염색체 수도 안정적이다. 이 과정을 반복하면 분화 능력이 있는 배아줄기세포 수백만 개를 얻을 수 있다. 지금은 톰슨 박사가 개발한 방법으로 줄기세포를 쉽게 기를 수 있게 되었고, 이를 통해 실험에 사용하는 배아의 수를 크게 줄일 수 있게 되었다.

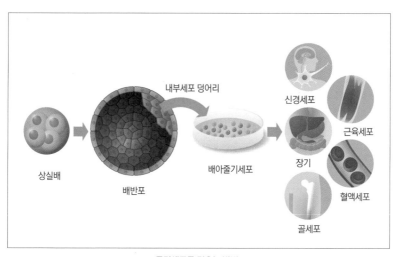

줄기세포를 키우는 방법

줄기세포 연구의 역사

연도	과학사
1961	어니스트 매컬럭(Ernest Armstrong McCulloch, 1926~2011)과 제임스 틸(James Edgar Till, 1931~): 캐나다의 과학자로 실험용 생쥐의 골수에서 줄기세포를 처음 발견했다. 줄기세포가 자기 재생 및 분화 능력을 가지고 있다는 것을 밝혀냈으며, 초기 혈액 생성 세포의 종류를 정량화했다. 2005년 앨버트 라스카 기초의학 연구상을 수상했다.
1974	게일 마틴(Gail Roberta Martin, 1944~): 미국의 의사. 손상되기 쉬운 줄기세포를 실험용 접시 안에서 살아있는 상태로 유지하는 방법을 알아냈다. 이 배양법 개발로, 과학자들이 안정적으로 줄기세포의 특성을 연구할 수 있게 되었다. 마틴의 배아줄기세포 연구는 과학자들이 인간 질병을 연구하고 치료할 수 있도록 해주었고, 배아의 정상적인 성장 과정을 밝히는 데 도움이 되었다.
1981	마틴 에번스(Martin John Evans, 1941~)와 매슈 코프먼(Matthew H. Kaufman, 1942~2013): 영국의 과학자들로 생쥐에서 배아줄기세포를 발견했다. 배아줄기세포 조작을 통해 변형된 게놈을 가진 쥐를 만드는 데 성공했다. 마틴 에번스는 유전학과 배아줄기세포에 대한 연구로 2007년 마리오 카페치(Mario Capecchi, 1937~), 올리버 스미시스(Oliver Smithies, 1925~2017)와 함께 노벨생리의학상을 공동수상했다.
	게일 마틴(Gail Roberta Martin, 1944~)의 논문에서 처음으로 '배아줄기세포'라는 용어가 사용되었다. 배아줄기세포를 분리한 마틴은 그 세포들이 발달 중인 배아와 비슷한 방식으로 뭉쳐져 있고 덩어리 바깥의 세포들이 덩어리 안에 있는 세포들과 다르게 보이는 것을 관찰하고, 배아를 닮았다는 의미로 이를 배아줄기세포의 발생체(embryoid bodies)라고 불렀다. 이 용어는 현재까지 쓰이고 있다.
1998	제임스 톰슨(James Thomson, 1958~) 연구진과 존 기어하트(John Gearhart, 1943~2020) 연구진이 실험실에서 줄기세포를 배양하는 데 성공했다. 이들은 연구 목적으로 기증된 인간 배반포체의 내부 세포에서 인간 배아줄기(ES) 세포를 추출하고 유지하는 방법을 알아냈다.
2001	로스앤젤레스의 캘리포니아대학교와 피츠버그대학교의 연구자들이 지방흡입술로 제거된 지방에서 줄기세포를 분리해냈다. 지방은 구하기 쉽고 저렴하기 때문에 이전의 연구에서 줄기세포가 골수, 뇌, 태아 조직에서 채취되어 발생했던 문제 및 윤리적 난제를 해결하는 이상적인 공급원으로 평가되었다.
2007	야마나카 신야(Yamanaka Shinya, 1962~)와 제임스 톰슨(James Thomson, 1958~)이 최초로 재프로그래밍을 통해 사람 체세포를 유도 만능 줄기세포(iPSC)로 만들었다. 야마나카 신야는 이 업적으로 2012년 노벨생리의학상을 수상했다.
2014	우리나라 차병원 줄기세포연구소 이동률 교수팀과 미국 차병원 줄기세포연구소 정영기 교수팀은 성인 남자의 체세포를 이용해 세계 최초로 체세포 복제 줄기세포주를 만들었다. 연구팀은 유전 물질을 제거한 난자에 성인 남자 피부세포를 주입해 체세포복제 줄기세포주를 만들었다. 자신의 체세포로 복제 줄기세포를 만들면 자기에게 꼭 맞는 특정 장기나 조직으로 분화시켜 맞춤 치료에 활용할 수 있는 장점이 있다.

1. 바이오 기술의 발달로 바이오 기술 관련 특허법을 둘러싼 법정 공방이 증가하고 있습니다. 특허법의 본질은 혁신 장려 및 증진을 위한 지식 재산권을 법적으로 보호함으로써 발명인에게 보상을 제공하는 데 있는데, 인간배아줄기세포와 정부가 부여한 관련 연구 결과에 대한 독점성이 가지는 정당성에 의문이 제기되고 있습니다. 배아줄기세포와 관련하여 현재 특허법이 올바른 균형을 수립하려면 어떤 기준이 추가로 마련되어야 할까요?

2. 배아줄기세포 연구 결과를 개인이나 기업이 소유하는 경우가 있고, 정부 산하 연구기관이나 공립대학들이 소유하는 경우가 있습니다. 배아줄기세포의 복제연구를 정부에서 정책적으로 통제해야 한다고 생각하나요? 그렇게 생각하는 이유는 무엇일까요?

3. 여러분이 생명공학 연구원이라고 가정하고 줄기세포로 진행하고 싶은 연구를 자유롭게 적어봅시다.

3부

줄기세포로
할 수 있는 일

슈퍼맨은 헐리우드 영화의 대표적인 영웅 캐릭터로, 1948년에 처음 영화로 제작된 이후 지금까지 수많은 영화와 드라마로 제작되었다. 슈퍼맨을 맡은 영화배우는 모두 유명해졌지만. 그중에서도 1977년 영화의 주인공이었던 크리스토퍼 리브가 가장 잘 알려져 있다. 그는 당시 25세의 나이에 찍었던 슈퍼맨 1편으로 스타덤에 올랐고, 총 4편의 슈퍼맨 영화에 출연했다. 물가 상승률을 고려했을 때, 1977년에 촬영한 영화가 지금까지의 수많은 슈퍼맨 영화 중에서 가장 흥행에 성공했으며, 평론가들의 평가도 가장 좋았다고 한다.

크리스토퍼 리브

그러나 영화배우로 승승장구하던 그는 1995년 승마 사고로 척추 부상을 당하면서 전신마비 상태에 빠지게 되었다. 척수신경 손상으로 인한 마비이기 때문에 치료할 수 있는 방법은 없었다. 그런데 줄기세포에 대한 과학자들의 연구가 널리 알려지면서 그는 줄기세포 치료에 관심을 가지게 되었다. 이론적으로 줄기세포로 신경세포를 만들어 손상된 척수신경을 대체할 수 있다면 걸을 수 있는 희망이 있었기 때문이다. 리브는 척추 장애 치료법을 찾고자 크리스토퍼 리브 재단을 창설해 6,500만 달러 이상을 모금했다. 이 당시 미국은 줄기세포 연구에 대한 찬반 논쟁이 뜨거웠던 터라, 그는 줄기세포 연구를 허용해 달라는 정치적인 투쟁을 벌이기도 하고, 줄기세포 치료기술을 알아보기 위해 전 세계를 돌아다니기도 했다.

그러나 안타깝게도 그는 2004년 감염에 의한 합병증으로 숨을 거두었다. 그렇다면 오늘날의 줄기세포 치료 현황은 어떠할까? 2017년 현재 전 세계적으로 약 3만 건이 넘는 줄기세포를 이용한 임상시험들이 진행 중이라고 한다. 임상시험의 종류를 살펴보면 심장 관련 연구가 가장 많이 진행되고 있으며, 우리나라를 비롯한 고령화 시대에 접어들고 있는 나라들에서는 노인성 질병에 대한 치료에 줄기세포를 적용하는 임상연구가 증가하고 있는 추세이다. 3부에서는 줄기세포로 할 수 있는 일과 줄기세포의 전망에 대해 알아보려고 한다.

1장

줄기세포 치료의 역사

외국 영화 〈러브 스토리〉, 우리나라 드라마 〈가을동화〉는 여주인공이 모두 백혈병에 걸려 죽는다는 공통점이 있다. 이처럼 비극적인 사랑 이야기를 다루는 책이나 영화, 드라마에서는 백혈병에 걸린 여주인공의 죽음이 클리셰처럼 사용되는 경우가 많다. 백혈병은 적혈구, 백혈구 등의 혈액세포를 만드는 조혈모세

영화 러브스토리 포스터

포에서 일어난 유전자 돌연변이로 인해 비정상적인 백혈구가 많이 만들어지는 병이다. 백혈구는 우리 몸의 면역 반응을 담당한다. 일반적으로 혈액 1cm³당 6000~8000개가 들어 있는데, 백혈병에 걸리면 약 50만 개까지 늘어난다. 문제는 비정상적인 백혈구이기 때문에 백혈구의 역할을 할 수 없고, 백혈구가 늘어난 만큼 적

혈구와 혈소판 같은 다른 혈액세포가 부족해진다. 따라서 백혈병 환자들은 면역기능이 떨어지고 빈혈에 시달리거나 멍이 잘 생기고, 코피나 월경이 잘 멈추지 않는다.

백혈병은 매년 2천 명이 넘는 신규 환자가 발생한다. 이 중 급성 백혈병이 75%, 만성 백혈병이 16%, 원인불명의 백혈병이 9%를 차지한다. 혈액암은 암세포가 피를 타고 우리 몸 구석구석을 돌아다니기 때문에 빨리 치료하지 않으면 큰 문제가 생긴다. 만성 백혈병은 느리게 진행되어 초기에 뚜렷한 증상이 없는 경우가 많다. 몸에 피로를 느끼거나 빈혈, 체중감소, 소화불량 등의 증상으

백혈병 환자의 백혈구 사진(왼쪽) 정상인의 백혈구 사진(오른쪽)

로 병원을 찾았다가 백혈병으로 진단되는 경우가 많다. 백혈병을 치료하기 위해서는 환자에게 항암제를 처방하거나 방사선을 쬐여 백혈구 세포를 파괴해야 하지만, 치료 과정이 힘들고 재발 가능성도 높다. 만성 백혈병은 항암제를 이용해 치료하는데, 제대로 치료하지 않으면 만성 환자의 75~80%는 2~3년 뒤 급성기로 진행되며 사망위험도 높아진다. 한편 급성 백혈병은 진행 속도가 굉장히 빠른데, 소아백혈병 대다수를 차지하는 급성 림프구성 백혈병과 성인에서 많이 발생하는 급성 골수성 백혈병으로 나뉜다. 급성 백혈병은 항암제가 잘 듣지 않기 때문에 만성 백혈병에 비해 치료가 어렵다.

백혈병을 치료하는 방법에는 글리벡, 슈펙트 같은 표적 항암제를 사용하거나 조혈모세포 이식(골수 이식) 등이 있다. 이중 조혈모세포 이식은 줄기세포를 이용한 치료 방법이다. 팔다리에 있는 긴뼈나 골반에 있는 큰 뼛속에는 골수가 들어 있는데, 이 골수에서 혈액세포를 만든다. 우리 몸에서는 매일 수백만 개의 혈액세포가 죽어서 분해되지만 골수가 혈액세포를 계속 만들어내기 때문에 균형이 유지된다. 이는 골수가 성체줄기세포를 보유하고 있어서 가능한 일이며, 이 성체줄기세포를 '조혈모세포'라고 부른다. 조혈모세포는 혈액 중 1%를 차지하며 매일 성장하고 분열하는데, 이때만들어진 세포들이 적혈구, 백혈구 등의 혈액세포로 자라는 것이다. 급성 백혈병 치료는 방사선으로 환자의 조혈모세포를 완전히 파괴한 뒤 다른 사람의 조혈모세포를 이식받는 방법으로 진행된다. 그래서 요즘에는 골수 이식 대신 조혈모세포 이식이라는 용어가 널리 쓰인다.

그렇다면 조혈모세포 이식은 어떻게 발견되었을까? 1950년대 미국 프레드 허치슨 암연구소의 에드워드 도널 토마스(Edward Donnall Thomas, 1920~) 박사는 골수 내에 혈액을 재생할 수 있는 줄기세포가 있음을 알아내고 골수 이식에 대한 연구를 진행하고 있었다. 동물을 대상으로 골수에서 줄기세포를 추출하여 다른 동물의 몸속에 주입하는 실험에 성공했다. 이러한 성공에 힘입어 1955년 토마스는 6명의

에드워드 도널 토마스

백혈병 환자에 대해 골수 이식을 시행했지만 모두 사망한다. 오늘날에는 타인의 골수 이식 전 면역적합 항원검사를 실시하여 골수 이식 적합성 여부를 알아본다. 지금은 누구나 알고 있는 사실이지만 당시에는 타인의 건강한 골수를 기증받아 이식할 때 면역거부반응이 생긴다는 사실을 몰랐다. 토마스가 골수 이식을 실행한 환자들은 골수 이식 후 면역거부반응이 일어난 것이다. 인간의 생명을 담보로 한 위험한 연구라는 엄청난 비난에도 불구하고 토마스 박사는 연구를 계속해서 14년 후인 1969년에 비로소 골수 이식을 통한 백혈병 치료를 성공한다. 도널 토마스는 백혈병 치료의

중요한 돌파구를 찾은 공로로 1990년 노벨생리의학상을 수상했다. 그러나 백혈병의 치료에 골수 이식이 보편화된 것은 최초 성공 이후 10여 년이 지난 1980년대에 이르러서야 가능해졌다.

조혈모세포 이식 과정은 다음과 같다. 우선 의사가 환자에게 방사선을 쪼이거나 약물을 투입해 손상된 골수를 완전히 없앤다. 그 다음 다른 공여자에게서 얻은 건강한 조혈모세포를 환자에게 주사한다. 환자의 몸에 들어간 조혈모세포는 혈액을 통해 이동하다가 골수에 정착해 새로운 줄기세포 덩어리를 이루게 된다. 이렇게 새로 형성된 줄기세포가 건강한 혈액세포를 만들어내면 백혈병이 치료되는 것이다.

조혈모세포 이식과 같은 이식 수술은 효과가 매우 좋지만 환자에게 주입되는 줄기세포의 조직형이 환자의 것과 매우 비슷해야 한다는 전제 조건이 있다. 이를 '조직 적합성'이라고 한다. 우리 몸의 세포에는 단백질로 된 여러 종류의 표지자들이 붙어 있는데 이는 사람마다 다르다. 백혈구는 내 몸의 표지자를 인식하는데, 만일 다른 표지자를 가진 세균이나 바이러스 등이 우리 몸에 들어오면 침입자로 판단하고 공격하여 죽인다. 따라서 환자에게 이식한 골수의 줄기세포가 환자의 세포와 비슷해야 한다. 조혈모세포 이식은 조직적합성항원(HLA) 8쌍이 일치해야 가능한데, 형제자매 간은 25%, 부모는 5% 이내의 일치 확률을 보이지만, 타인과 일치할 확률은 수만 분의 1이다. 그래서 골수 이식 초기에는 일란성 쌍둥이, 부모형제, 사촌 등 가까운 친척 사이에서만 허용되었다.

그런데 간혹 희귀한 조직형을 가지고 있는 사람들이 있는데, 이들은 환자에게 맞는 골수 기증자를 찾기 힘들다. 그래서 어떤 부모는 조금은 특별한 목적으로 아픈 아이의 동생을 낳는 경우가 있다. 형제자매끼리는 대개 조직형이 잘 맞기 때문에 새로 낳은 아이가 아픈 아이를 살릴 수도 있어서다. 2009년에 개봉한

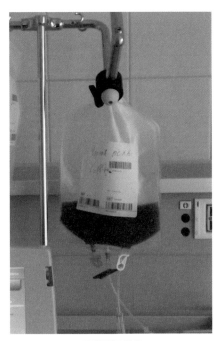

조혈모세포 이식

영화 〈마이 시스터즈 키퍼〉는 바로 이러한 소재를 다룬 영화이다. 동생 안나는 언니인 케이트의 병을 치료할 목적으로 태어나 제대혈, 백혈구, 골수 등을 케이트에게 계속 제공하게 된다. 급기야 부모는 안나에게 케이트를 위해 신장까지 기증하라고 요구한다. 10대 초반이 된 안나는 이에 맞서 자신의 권리를 주장하기 위해 최고의 승소율을 자랑하는 변호사를 고용하고 소송을 진행한다.

5부에서 자세히 다루겠지만 이처럼 생명과학 기술 발전의 이면에는 생명윤리와 관련된 여러 가지 문제가 발생할 수 있다. 그렇기 때문에 다양한 상황을 고려하여 정책 수립과 의사 결정을 해

야 한다.

　백혈병 등 조혈모세포 이식이 필요한 환자는 해마다 증가하는 추세이다. 일 년간 약 500여 명의 조혈모세포 이식 대기자가 발생하고 있다. 하지만 안타깝게도 이들 중 약 40% 정도만 조혈모세포를 기증받아 이식을 받고 있다. 다행히도 조혈모세포 기증 희망자도 조금씩 증가하면서 비혈연 간 조직적합성항원(HLA) 일치 확률도 높아지고 있다. 다음은 조혈모세포 기증에 대해 자세히 소개해보려고 한다.

　전국의 대한적십자사 헌혈 장소에 방문하여 상담을 진행한 후 '조혈모세포 기증희망자 등록신청서'를 작성한다. 이때 미성년자의 경우에는 부모님의 동의가 필요하다. 신청서를 작성하면 채혈 후 조직적합성항원 검사를 실시한다. '조혈모세포 기증희망자 등록신청서'에 작성한 내용을 토대로 질병관리청 장기이식 관리센터에 개인정보가 등록되며, 검사기관에서는 조직적합성항원 검사결과를 등록한다. 이때 DNA의 반 정도를 검사해서 데이터베이스에 저장해둔다. 이후에 내 DNA와 일치하는 환자(기증희망자)가 나타나면, 조혈모세포 기증자에게 다시 한 번 기증 의사를 확인한 후 조직적합성항원 및 건강검진을 실시한다. 검사 결과 모든 조직적합성항원이 일치하고, 기증자의 건강 상태가 양호할 경우에 조혈모세포 기증을 할 수 있게 된다. 조혈모세포를 채취하는 과정에는 크게 두 가지가 있다. 첫 번째는 허리에 굵은 주사바늘을 꽂아 직접 골수를 뽑는 방법, 두 번째는 4일 전부터 그라신이라는 백혈

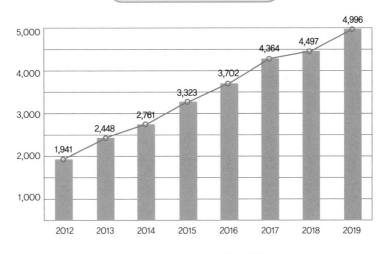

연도별 누적 이식 대기자

자료 | 보건복지부 국립장기조직혈액관리원

구 생성 촉진제 주사를 맞은 뒤 혈액을 추출하는 방법이다. 요즘
은 두 번째 방법을 많이 쓰는데, 촉진제의 부작용으로 요통, 두통,
발열, 불면, 식욕부진, 구토감 등이 올 수 있다. 기증을 진행하기
위해선 3~4일 정도의 입원이 필요한데, 실제 기증에 걸리는 시간
은 약 3~4시간이다. 조혈모세포 기증을 마친 후에는 다음날 퇴원
하고 바로 일상생활이 가능하다고 한다.

　조혈모세포 이식을 하는 과정에서 환자에게 다량의 항암제 투
입, 약물 투여, 방사선 조사, 수혈 등이 필요하다. 오랜 투병 생활
로 약해진 환자에게 이러한 과정은 몸에 무리가 가기 때문에 이
식 여부를 결정하는 데 신중한 접근이 필요하다. 그래서 이식 전

환자에게 다른 질병은 없는지, 이식 후 합병증이 생길 우려가 있는지 등을 검사하고 검사 결과가 나쁘게 나오면 이식을 포기해야 하는 경우도 생긴다.

조혈모세포 이식은 전 처치, 조혈모세포 이식, 이식 후 회복의 세 단계로 이루어진다. 전 처치는 환자의 골수와 암세포를 제거하고 이식을 준비하는 단계이다. 기증을 받는 환자는 이식 1~2주 전부터 고단위 방사선 치료 및 화학요법 처치를 진행하여 환자의 몸에서 골수와 암세포를 완전히 없앤다. 이 상황에서 기증자가 마음을 바꿔 기증을 거부할 경우, 환자가 사망할 수도 있기 때문에 기증자가 실제 기증할 때는 신중히 생각하고 진행해야 한다.

조혈모세포 이식 후에는 환자의 몸속에 들어간 조혈모세포가 환자의 골수에 무사히 정착하고 증식할 수 있도록 조혈모세포 촉진제, 면역억제제 등의 약물을 투약한다. 조혈모세포 이식 부작용으로 간혹 간, 방광, 폐, 눈 등 다른 기관에서 이상이 생길 수도 있으니 주의해야 한다. 또 이식 후 몇 개월 동안은 면역력이 떨어진 상태이기 때문에 개인위생을 철저히 하고, 적절한 운동과 휴식을 취해야 한다.

2장

줄기세포를 이용한 재생의학

그리스 로마 신화에서 프로메테우스는 인간에게 불을 훔쳐다 준 죄로 제우스의 노여움을 사서, 바위산에 묶여 독수리에게 간을 쪼아 먹히는 벌을 받았다. 매일 간이 재생됐기 때문에 헤라클레스가 독수리를 활로 쏘아 죽이기 전까지 그는 아주 오랫동안 고통을 겪어야만 했다. 간이 재생된 것을 과학적으로 풀이하자면 줄기세포 때문일 것이다. 이렇게 세포를 몸 밖에서 배양해서 조직을 만들어 손상된 조직을 되살리거나, 재생을 촉진시키는 물질을 주사하여 손상된 조직

프로메테우스

이 회복될 수 있게 하는 치료법을 '재생의학(Regenerative medicine)'이라고 한다. 재생의학이라는 용어는 1992년 미래학자인 릴랜드 카이저(Leland Kaiser)가 처음으로 사용했다. 그는 재생의학을 '만성질환을 치료하고 많은 부분에서 손상된 장기 시스템을 재생시킬 새로운 의학 분야'로 정의했다. 재생의학이란 자연적으로는 재생할 수 없는 조직과 장기를 재생시켜 기능을 회복시키는 것을 목표로 하는 의학으로, 인공 물질을 사용하는 조직공학과 줄기세포를 사용하는 줄기세포 생물학을 포함한다. 즉 줄기세포의 이식을 통한 세포 치료, 생리활성물질에 의한 재생유도, 배양된 조직이나 기관의 이식(조직공학) 등이 모두 재생의학에 포함된다.

재생의학 초기에는 금속, 세라믹, 고분자 등의 합성재료를 이용하여 인공장기를 만들었다. 이렇게 만들어진 인공장기는 2,000만 명 이상의 사람들의 수명을 연장하고 삶의 질을 높이는 데 도움이 되었다. 미국에서는 65세 이상의 사람들 중 20% 정도가 장기 이식술을 받아야 할 것으로 나타났다고 한다. 우리나라도 점점 고령화 사회로 변화하고 있는 추세여서 인공장기보다 부작용이 적은 줄기세포를 이용한 재생의학의 중요성은 점차 커지고 있다.

그렇다면 줄기세포로 치료할 수 있는 병에는 어떤 것이 있을까? 먼저 후천적 사고로 손상된 척수신경을 살릴 수 있다. 척수신경이 손상되면 감각을 느끼거나 움직이지 못한다. 영화 슈퍼맨의 주인공이었던 크리스토퍼 리브나 클론의 강원래는 사고를 당해 척추가 마비되었다. 이렇게 신경이 손상된 환자의 척추 속에 척수

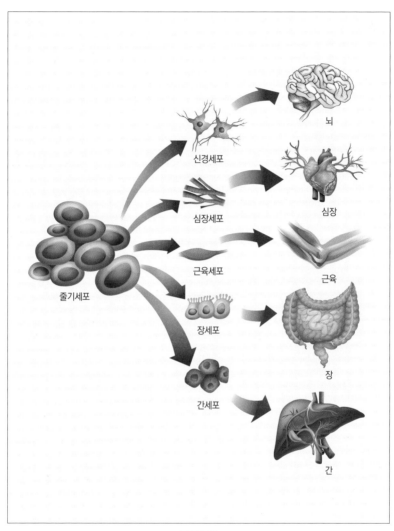

신경세포

줄기세포

심장세포

근육세포

장세포

간세포

뇌

심장

근육

장

간

장기 생산

줄기세포를 넣어주면 건강한 척수신경을 만들어 다시 걸을 수 있게 된다. 최근에는 개를 대상으로 임상연구를 했다. 척수신경을 다쳐 반신불수가 된 개의 척수에 줄기세포를 주사한 결과 척수신경이 재생되어 다시 걸을 수 있었다고 한다. 또한 자신의 줄기세포를 이용해 심장을 재생할 수도 있다. 오랫동안 의사들은 심장마비로 손상된 심장세포는 재생될 수 없다고 믿었지만, 손상된 심장 근육도 재생이 되는 것을 알게 되었다. 과학자들이 생쥐에게 심장병을 일으킨 다음 골수 줄기세포를 넣었더니 몇 주 후에 손상된 조직이 줄어들고 손상된 심장 기능이 크게 회복된 것을 관찰할 수 있었다. 그리고 골수의 줄기세포를 이용하여 혈관이나 근육세포도 만들 수 있다. 2004년 우리나라 가톨릭 의대에서는 동맥경화로 혈액순환이 안 되어 발가락이 썩어 들어가는 환자에게 환자 자신의 골수를 채취하여 장딴지 부위에 주사하는 치료를 했다. 그 결과, 혈관이 만들어지고 혈액순환이 활발해져 발가락 조직이 살아났다고 한다.

현재 줄기세포를 이용한 재생의학 연구는 배아줄기세포와 iPS 세포(역분화 줄기세포) 위주로 연구되고 있다. 배아줄기세포는 수정란에서 발생한 배아의 내부에 있는 세포를 배양한 것으로, 몸의 어떤 세포든지 될 수 있는 가능성을 가지고 있다. 반면에 그대로 두면 사람으로 성장할 수 있는 배아를 파괴해서 만드는 것이어서 윤리적인 문제가 있다. 또 배아줄기세포로 만들어지는 세포나 장기를 환자에게 이식하는 경우는 타가이식이 되기 때문에 면역거부반응을 일으킬 수 있는 문제가 있지만, 이는 복제배아 줄기세포를 만들어 해결할 수 있다. 나의 체세포 핵을 이용한 복제배아 줄기세포를 만들어 장기로 분화시키면 내 몸과 동일한 유전자를 갖는 세포이기 때문에 면역거부반응 없이 이식할 수 있다. 미국의 연구팀은 복제 기술을 이용해 핵을 제거한 난자에 환자 피부세포의 핵을 이식한 뒤 성장시켜 배아줄기세포를 제작하는 데 성공했다.

iPS 세포는 여러 가지 조직과 장기가 될 수 있는 세포이다. iPS 세포의 제작은 일본 교토대학의 야마나카 신야 박사가 2006년에는 생쥐에서, 2007년에는 사람에서 성공했다. 단 4종의 유전자를 도입하기만 해도 환자의 (피부)세포에서 다양한 세포로 분화할 수 있는 다양성을 가진 iPS 세포를 만들 수 있다. 일본에선 iPS 세포를 활용한 재생의학이 활발하게 연구되고 있다. 교토대학교에서는 2018년 11월 파킨슨 환자의 뇌에 iPS 세포로 만든 신경세포를 이식하는 임상시험 수술을 세계 최초로 실시했다. 이외에도 고베시 이화학연구소 다카하시 마사요 박사팀은 눈의 망막조직, 오사카 대학교에서는 눈의 각막조직을 이식하는 임상실험을 진행한 적이 있다. 그러나 iPS 세포는 암이 될 우려가 있어 실용화하려면 아직 더 많은 연구가 필요하다.

줄기세포를 이용한 재생의학은 아직 걸음마 수준이지만, 몇 년 이내에는 일반적인 치료법으로 사용할 수 있을 것으로 기대된다. 그래서 많은 환자들은 줄기세포 연구가 계속되기를 희망하고 있다.

줄기세포 치료 방법

줄기세포가 여러 질병을 고칠 수 있다는 것이 밝혀지자 증상에 따른 다양한 치료 방법이 개발되고 있는데, 치료 방법은 크게 세 가지로 나뉜다. 첫 번째는 실험실에서 줄기세포를 필요한 조직으로 분화시킨 다음, 분화된 조직 자체를 이식하는 방법이다. 예를 들어 화상을 입은 환자의 피부를 회복시키기 위해 피부 줄기세포를 뽑아 피부로 만들어 화상을 입은 부위에 이식하는 것이다. 또 65세 이상의 노인 10명 중 8명이 앓고 있다는 퇴행성관절염 치료를 위해 줄기세포와 연골세포를 함께 배양하여 손상된 관절 연골에 이식해 관절염을 치료하기도 한다. 퇴행성관절염은 관절을 보호하는 연골이 손상되어 염증과 통증이 생기는 질병이다. 줄기세포와 연골세포를 함께 사용하여 치료하면 연골이 자라는 데 걸리는 시간이 줄어들기 때문에 좀 더 빨리 효과를 볼 수 있다.

두 번째 방법은 주사이다. 줄기세포가 들어 있는 주사기를 직접 필요한 부위에 주사하거나, 혹은 정맥혈관에 주사하는 것이다. 줄기세포가 혈관을 따라 직접 이동하면서 스스로 치료해야 할 부위에 이식되어 손상된 부분을 치료한다. 예를 들어 심장근육이 손상된 환자에게 줄기세포를 주사하면 줄기세포가 심장으로 이동하여 손상된 심장근육 세포를 만들어낸다.

마지막으로 스프레이 방법이 있다. 2005년 국내 연구진에 의해 개발된 방법으로 치료 부위에 스프레이를 뿌리듯이 직접 줄기세포를 뿌리는 것이다. 5년의 연구 끝에 환자의 피부에서 줄기세포를 분리한 뒤 2주간 배양해 줄기세포의 양을 200배로 늘린 다음, 액체 형태로 만들어 직접 피부에 뿌려 치료에 성공했다. 이 방법은 표피뿐만 아니라 더 깊은 곳의 진피도 재생할 수 있고, 넓은 면적의 피부 손상을 회복시킬 수 있어 좋은 치료 방법으로 평가되고 있다.

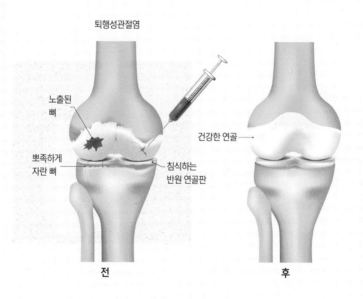

무릎 연골 줄기세포 주사

3장

줄기세포로 치료 가능한 질병

심장은 사람 주먹만 한 크기로 무게가 약 250~350g 정도 되는 작은 기관이지만, 우리 몸에 혈액을 공급하는 펌프 역할을 하기 때문에 우리가 살아가는 데 매우 중요한 기관이다. 심장을 둘러싸는 관상동맥은 심장근육에 혈액

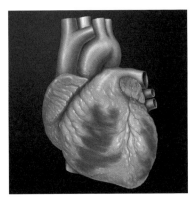

사람의 심장

을 공급하여 심장이 스스로 뛸 수 있도록 산소와 영양분을 제공하는데, 관상동맥이 막힐 경우 심장근육은 서서히 죽어가게 된다. 이렇게 심장근육이 손상되면 심근경색이 진행되다가 쇼크가 올 수 있다. 안타깝게도 심장근육은 재생되지 않기 때문에 심장의 기능이 망가지면 심장이식밖에 방법이 없다. 심장은 신장과는

달리 하나뿐이어서 뇌사자나 사후장기기증자를 통해서만 공여를 받을 수 있다. 이처럼 공여자를 구하기 힘들기 때문에 심장이식이 필요한 환자에 비해 실제 수술을 받을 수 있는 환자의 수가 적은 것이 현실이다. 그러다 보니 심장이식 대기 도중 사망하는 환자의 수도 늘고 있다. 질병관리본부 장기이식센터의 〈2019년도 장기 등 이식 및 인체조직 기증 통계 연보〉에 따르면 심장이식 대기자의 수는 694명인데, 실제 심장이식 수술 건수는 194건, 대기 중 사망자 수는 106명으로 해마다 심장이식 대기자와 대기 중 사망자의 수가 증가하고 있는 추세라고 한다. 줄기세포를 이용해 치료할 경우에는 죽은 세포 대신 새로운 심근세포를 교체하는 방식으로 심장의 기능을 회복할 수 있게 된다.

현재 줄기세포 연구 중 가장 빠르게 발전하고 있는 분야가 신경계 질병 관련 연구이다. 그간 파킨슨병, 척수손상, 뇌졸중, 루게릭병 같은 신경성 질병은 현대의학으로는 완치가 불가능하다는 인식이 대부분이었다. 이들 질병 중에서는 발병 원인이 밝혀지지 않은 것도 있어, 현재는 근본적인 치료보다 약물이나 운동 요법 등을 사용하여 병의 진행을 늦추는 방식의 치료가 이루어지고 있다. 만일 줄기세포를 이용해 손상된 신경조직을 교체할 수 있다면 보다 근본적인 치료가 가능해지게 된다. 특히 파킨슨병의 경우 줄기세포로부터 얻은 도파민 신경세포에 의한 세포치료 가능성이 비교적 높은 것으로 알려져 있어 많은 연구들이 수행되고 있다.

또 교통사고 등의 사고로 인해 손상된 신경이나 운동기능도 줄기세포를 이용해 회복시키는 연구도 활발하게 진행되고 있다. 대부분의 운동성 기능장애는 우리 몸의 척추 안에 있는 척수가 손상되어서 발생하는데, 이러한 증상은 사고로 손상된 척수 부위 이하의 모든 조직에 마비가 일어난다든지, 감각이 손상되는 형태로 나타난다. 척추손상을 치료하기 위해 줄기세포를 신경전달에 필수적인 세포로 분화시킨다. 이에 이식을 통하여 신경세포의 기능을 회복시켜 주거나 손상된 신경세포의 재생을 촉진하기 위해 신경세포에 영양을 공급해주어야 하는데, 이때 줄기세포에서 분화된 세포를 이식하는 방법이 개발되고 있다. 이 모든 방법들은 척수에 남아 있는 기능을 최대한 활성화시켜 부분적이나마 회복시키는 데 그 목적을 두고 있다. 이 방법은 척수손상 후 오래되지 않은 경우에 더욱 큰 효과를 볼 수 있는 것으로 알려져 있다. 척수손상에서 줄기세포를 이용한 연구도 주로 동물 모델 수준에서 진행되고 있어, 환자에게 안전한 치료기술이 개발되기까지는 아직도 많은 시간이 필요할 것이다. 또 다른 중요한 신경계 질환인 뇌졸중도 줄기세포를 이용한다면 효과적으로 치료가 가능해질 것으로 기대하고 있다. 최근 보고에 의하면 인간의 신경줄기세포를 이용했을 때 뇌졸중에 의해 손상된 뇌 조직이 회복되었다는 것이 동물을 대상으로 한 연구 결과에서 나타나고 있다.

우리 몸의 에너지원으로 사용되는 물질은 포도당으로, 혈액을 통해 온몸으로 전달된다. 혈액 속에 포함된 포도당의 양을 혈당량이라고 하는데, 우리 몸의 혈당량은 항상 일정하게 유지되어야 한다. 건강한 사람의 경우에는 평균적으로 $70 \sim 110mg/dl$ 정도이다. 만일 혈당이 $50mg/dl$ 이하로 떨어지면 중추신경계에 이상이 오고, $30mg/dl$ 이하가 되면 경련이 일어나며 의식불명 상태가 된다. 우리 몸에서 혈당량이 일정하게 유지되는 이유는 무엇일까? 이자는 인슐린과 글루카곤이라고 하는 혈당량 조절 호르몬을 분비한다. 식사를 해서 혈당량이 높아지면 인슐린이 분비되어 간에서 포도당을 글리코젠으로 저장하거나 세포에서 포도당을 소모하게 하여 혈당량을 떨어뜨린다. 반대로 혈당량이 낮아지면 글루카곤이 분비되어 간에서 글리코젠을 포도당으로 분해하여 혈당량을 높여준다.

제1형 당뇨병과 제2형 당뇨병의 차이

구분	제1형 당뇨병	제2형 당뇨병
발병 연령	소아 및 젊은 연령(30세 이전)	성인(*연령에 따른 분류는 모호함)
발병 양상	갑자기 발병	서서히 진행
원인	자가면역기전, 바이러스 감염 등에 의한 췌장의 파괴	유전적 경향이 강하며 비만, 노화 등 환경적 요인에 의해 진행
비만과의 연관성	적음	있음
췌장의 인슐린 분비	완전 결핍	상대적 결핍
치료	인슐린	경구약제 및 인슐린

출처: 네이버 지식백과

이런 조절 기능이 제대로 이루어지지 않으면 당뇨병에 걸리게 된다. 당뇨병은 혈당량이 지나치게 높아져 포도당이 오줌에 섞여 배설되는 병이다. 당뇨병에 걸리면 오줌의 양이 늘어나 소변을 자주 보게 되고 심한 갈증을 느끼며, 여러 합병증에 걸릴 수 있다. 합병증의 종류에는 망막 변성에 의한 실명, 신장 기능저하, 심혈관계 질병 등이 있다. 당뇨병은 제1형 당뇨병과 제2형 당뇨병으로 구분된다. 제1형 당뇨병은 인슐린을 전혀 만들지 못하는 것이고, 제2형 당뇨병은 인슐린 분비 기능이 떨어져 생기는 것으로 당뇨병의 종류에 따라 치료 방법에 차이가 있다. 당뇨병은 완치가 어렵고 당뇨로 인한 여러 가지 합병증이 동반되며, 서구화된 식습관과 스트레스 등으로 제2형 당뇨병 환자가 늘어나고 있다는 점에서 문제가 된다.

지금까지의 치료는 인슐린 주사를 통한 인위적인 혈당 조절이었지만, 이것이 근본적인 치료는 되지 못한다. 이 당뇨병 치료에도 줄기세포를 이용할 수 있다. 최근 몇 년 동안의 활발한 연구를 통하여 췌장이나 골수 등에서 분리한 성체줄기세포를 인슐린 분비가 가능한 세포로 분화시키는 기술이 개발되었다. 또한 인간의 배아줄기세포를 인슐린 분비 기능이 있는 세포로 분화시키는 데 성공했다는 연구 결과도 있다. 그러나 이렇게 생산된 인슐린 분비세포를 이식해도 그 효능이 적다는 점과 인슐린 분비의 문제가 아닌 인슐린에 대한 반응성이 약해져서 생기는 제2형 당뇨병에 대한 치료기술은 아직 개발되지 않았다는 점에서 치료에 이용하기까지는 해결해야 할 많은 문제가 남아 있다.

줄기세포로 치료 가능한 질병의 종류

세포 종류	질병
뇌신경세포	파킨슨병, 치매, 간질, 뇌졸중
심근세포	심장병
척추신경세포	척추신경 손상 질병
간세포	간염, 간경화
피부세포	화상에 의한 피부이식
췌장세포	당뇨병
혈관상피세포	동맥경화증
연골세포	퇴행성관절염
골세포	뼈를 이식해야 하는 모든 질병
조혈모세포	백혈병, 빈혈, HIV
근육세포	근육위축증

우리나라의 경우에는 각막 이상으로 시력을 잃은 환자의 비율이 2천 명 중 한 명꼴로 발생하는데, 많은 환자 수에 비해 기증되는 각막은 상대적으로 굉장히 적다. 각막은 홍채와 동공을 보호하는 눈 앞쪽의 투명한 막으로, 눈에서 제일 먼저 빛이 통과하는 부분이다. 외부환경에 항상 노출되어 있기 때문에 다치거나 질병에 걸리기 쉽다. 그래서 환자가 각막 이식을 기다려야 하는 시간이 평균적으로 100년 정도라고 할 만큼 각막 부족 현상은 심각하다. 그런데 줄기세포는 각막이 손상되어 실명했거나 실명 위기에 처한 환자들을 치료하는 데 쓰일 수 있다. 최근 줄기세포를 각막

세포로 분화시키는 연구가 동물을 대상으로 하여 성공했다고 한다. 또 2019년 영국의 '북동잉글랜드 줄기세포연구소(NESCI)'에서는 한쪽 눈의 시력을 잃은 8명의 환자를 대상으로 줄기세포 치료를 하여 성공했다. 연구소에서는 눈에서 자연적으로 생성되는 줄기세포를 빼내어 실험실에서 세포들을 얇게 배양한 다음, 이 줄기세포를 실명 환자의 각막에 이식했다. 하지만 줄기세포 치료를 받으려면 한쪽 눈의 각막은 정상이어야 하고, 노화에 따른 시력 저하(노인성 황반변성질환)의 경우엔 해당되지 않는다는 제한도 있다.

우리나라 40대 인구의 사망원인 1위(인구 10만 명당 41.1%), 50대 인구의 사망원인 2위(인구 10만 명당 72.4%)는 간질환이다. 간세포는 다른 세포에 비해 뛰어난 재생능력을 갖고 있지만, 완전히 손상되면 환자가 죽는 것은 다른 질병과 같다. 물론 간은 이식이 가능하다지만, 다른 이식 수술과 마찬가지로 장기가 부족하기 때문에 줄기세포를 이용한 세포치료 기술에 의존할 수밖에 없다.

관절염도 줄기세포로 치료할 수 있는 방법이 열렸다. 관절염은 가장 흔한 퇴행성 질병 중 하나로, 중년 이후에 흔히 나타난다. 관절염 치료를 위해 식이요법, 물리치료, 약물치료 등이 사용되지만, 완전하게 증상을 완화하는 방법은 인공관절 이식 이외에는 뚜렷한 치료 방법이 없는 상황이다. 그런데 최근 관절염 치료에 필수적인 연골세포를 줄기세포로부터 만들었다는 보고가 있다. 앞으로 이러한 연골조직 재생기술이 관절염의 근원적인 치료법으로 개발될 수 있을 것이다.

4장

줄기세포 치료제 개발

줄기세포를 연구하는 궁극적 목적은 난치병 등의 치료를 위한 치료제 개발이라고 할 수 있다. 난치병과 만성질환을 가지고 있는 사람은 전 세계적으로 약 16억 명으로 추산되는데, 세계의 줄기세포 시장 전망은 매우 밝다. 줄기세포 치료제는 줄기세포의 양을 늘리는 증식과정을 거치거나 특정한 질병에 치료가 가능하도록 줄기세포의 성질을 변형시키고 가공하여 의약품으로 만든 약이다. 이에 약사법에 따라 식품의약품안전처에서 승인을 받은 경우에만 판매할 수 있다. 우리나라 줄기세포 기술력은 초일류 수준으로 평가받고 있는데, 전 세계에서 판매 허가된 줄기세포 치료제 10개 중 가장 많은 4개의 줄기세포 치료제를 확보하고 있다.

2020년을 기준으로 우리나라에서 승인된 줄기세포 치료제는 총 4개로 하티셀그램(파미셀), 카티스템(메디포스트), 큐피스템(안트로젠), 뉴로나타-알주(코아스템)이다.(괄호 안은 제조사이다.) 이제부터는 각 치료제에 대해 자세히 알아보려고 한다.

2011년 7월에 승인된 '하티셀그램'은 국내에서 최초로 개발되었을 뿐만 아니라 세계 최초로 개발된 줄기세포 치료제로 급성 심근경색을 치료하는 데 사용된다. 심근경색은 심장에 산소와 양분을 공급하는 관상동맥이 막혀서 심장근육이 죽어가는 병이다. 이렇게 심장근육세포가 죽으면 다시 만들어지지 않기 때문에 심장을 이식해야 한다. 이때 하티셀그램은 손상된 심장근육세포를 재생시키는 역할을 한다. 환자의 골수에서 채취한 중간엽 줄기세포를 이용해 새로운 심장근육세포를 재생시켜 심장의 기능을 개선할 수 있다.

메디포스트의 카티스템과 안트로젠의 큐피스템은 2012년 1월에 승인된 줄기세포 치료제이며, 이 중에서도 카티스템은 국내 줄기세포 치료제 중 가장 많이 팔리고 있다. 카티스템은 제대혈 줄기세포로 만드는데, 연골을 재생하는 효과가 있다. 손상된 무릎 관절 부위를 절개하여 카티스템을 바르고 다시 봉합하는 방식으로 치료한다. 큐피스템은 크론병 치료에 사용되는 치료제이다. 크론병은 만성 염증성 질병으로, 입부터 항문에 이르는 소화기관 중 특히 소장과 대장에 많이 생긴다. 크론병에 걸리면 장이 붙거나 출혈이 일어나거나 구멍이 생기기도 하는데, 암으로 발전할 수도 있다. 크론병은 원래 우리나라에서는 매우 희귀한 질병이었는데, 최근 우리나라에서도 서구화된 식습관과 생활환경의 변화 등으로 환자가 급격하게 늘어나고 있는 실정이다. 큐피스템은 지방

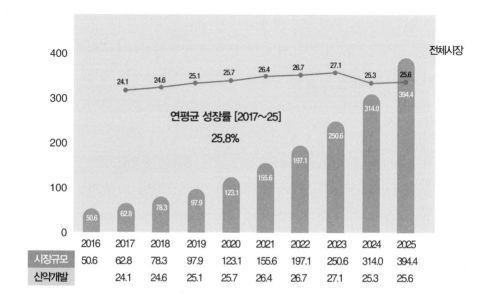

시장규모	2016	2017	2018	2019	2020	2021	2022	2023	2024	2025
시장규모	50.6	62.8	78.3	97.9	123.1	155.6	197.1	250.6	314.0	394.4
신약개발		24.1	24.6	25.1	25.7	26.4	26.7	27.1	25.3	25.6

글로벌 줄기세포 시장 현황 및 전망 (자료:2018년 첨단바이오의약품 산업백서)

유래 중간엽 줄기세포를 이용해 만든다. 이는 염증을 막아주고 면역 기능을 조절해 장에 구멍이 생기는 것을 막아주는 효과가 있다.

코아스템에서 개발한 뉴로나타-알주는 2014년 8월에 루게릭병 치료제로 승인받았다. 루게릭병은 근위축성축삭경화증이라고도 불리며 운동신경세포만 파괴되는 질병인데, 10만 명 중 1~3명 꼴로 발병하는 유전병이다. 병이 진행되면 점점 근육이 위축되어 몸을 움직일 수 없게 되며 마지막에는 호흡근육이 마비되어 수년 내에 사망에 이르게 된다. 미국 메이저리그 뉴욕 양키스의 전설적인 타자였던 루게릭 선수가 이 병에 걸려 사망한 데에서 '루게릭병'이라는 별칭이 생겼다. 스티븐 호킹이 앓았던 병으로도 유명하다. 현재(2021년 기준)까지 루게릭병의 치료제는 나오지 않았다. 뉴로나타-알주는 환자의 골수와 뇌척수액에서 채취한 중간엽 줄기세포를 이용해 제조되는데, 이 약을 루게릭 환자의 척추 뼈에 주사하면 근육위축과 경화증 등의 진행 속도를 완화시키는 효과가 있다.

아직까지 줄기세포 치료제가 난치성 유전병을 완치시키지는 못하지만, 병의 진행을 늦추고 증상을 완화하는 데 효과적으로 사용되고 있다. 하지만 1회 주사에 천만 원이 넘는 등 비교적 고가이기 때문에 모든 환자들이 혜택을 볼 수 없는 실정이다. 줄기세포 치료제가 비싼 이유는 만드는 과정이 복잡하여 대량 생산이 어렵기 때문이다. 일단 약의 재료인 줄기세포를 구하는 데 비용이 많이 들고, 줄기세포를 배양하는 과정도 매우 까다롭다. 또 환자의 조직세포를 배양해 만드는 치료제도 있는데, 결국 이는 개인에게 맞춰 약을 생산하는 것이기 때문에 비용이 많이 든다. 그러나 계속적인 연구를 통해 지금의 1세대 줄기세포 치료제에서 보다 성능이 뛰어난 2세대 치료제 개발로 넘어가는 단계이므로 앞으로는 좀 더 저렴한 가격과 효과가 뛰어난 줄기세포 치료제가 개발될 것으로 기대되고 있다.

코로나19 치료제로 사용된 줄기세포 치료제

파미셀사에서 판매되는 줄기세포 치료제인 셀그램-AKI(Cellgram-AKI)는 원래 신장의 급성 신손상을 막기 위한 용도로 개발된 치료약이다. 그런데 이 치료제가 코로나 환자의 사인 중 하나인 사이토카인 폭풍 증상을 완화하는 데 효과가 있다고 알려지면서 코로나 환자의 치료제로 사용되었다. 사이토카인 폭풍은 인체 내부에 바이러스가 침투했을 때 면역 물질인 사이토카인이 과다하게 분비되어 정상 세포를 공격하는 현상을 말한다. 이 증상은 면역 반응의 과잉이 원인이어서 면역력이 높은 젊은 사람에게 발생할 확률이 더 높다. 또 사이토카인 폭풍은 신체에 대규모 염증반응과 다발성 장기손상을 일으키기 때문에 급속히 상태가 나빠져 사망하는 경우가 많다. 파미셀사는 2020년 3월, 식약처로부터 코로나 감염환자의 중증폐렴에 대한 '치료목적 사용승인'을 허가받아, 코로나 환자의 치료에 사용하고 있다. 원래대로라면 임상시험 절차를 거쳐 사용을 승인받아야 하지만, 긴급 상황이기 때문에 절차를 간소화하여 승인을 받은 것이다. 이와 관련된 임상 논문들이 발표되고 있는데, 이 줄기세포 치료제가 사이토카인 폭풍 증상 치료에 관한 효과성이 검증될 수 있을지 기대된다.

5장

줄기세포 치료제가 의약품으로 인정받기까지

 새로운 줄기세포 치료제를 개발하기 위해서는 상당한 시간과 노력이 필요하다. 보통 신약 개발의 경우에 10~15년 이상의 시간이 소요되고, 이러한 개발 과정에 필요한 비용 역시 수억 달러에서 수십 억 달러에 달한다. 줄기세포 치료제는 약사법에 근거하여 비임상실험 및 임상 1상, 2상, 3상을 거쳐야 한다. 3상 완료 후 안전성 및 유효성이 인정되면 신약으로 식품의약품안전처로부터 승인을 받게 된다. 줄기세포를 이용한 치료제 개발은 치료하고자 하는 질병에 대해 성체 또는 배아줄기세포를 선정하는 것에서부터 시작된다.

 개발된 치료제는 먼저 동물을 대상으로 효과와 부작용을 알아본다. 이런 동물실험을 '전임상시험'이라고 한다. 동물실험을 위해 의도적으로 병에 걸리게 한 동물을 만들고 이들을 대상으로 치료제를 실험하게 되는데, 일반적으로 생쥐가 실험에 많이 이용된다. 동물실험 단계에서는 유전독성 평가, 면역독성 평가, 발암독성 평가 등을 실시하여 세포를 인체 내에 이식했을 때 안전한지, 치료효과가 있는지를 살피게 된다. 동물실험에서 안전성과 효과가 입증되면 다음은 사람을 대상으로 임상시험을 하게 된다. 그러나 동물실험에서 좋은 결과가 도출되었다 해도 사람에게 안전하다는 보장은 없다.

이와 관련된 가장 유명한 사례가 탈리도마이드이다. 탈리도마이드는 1953년 독일에서 만들어진 약으로 임산부의 입덧 억제제로 사용되었다. 각종 동물실험에서 부작용이 없었기 때문에 '부작용이 없는 기적의 약'으로 선전되었으며, 전 세계 50여 국에서 널

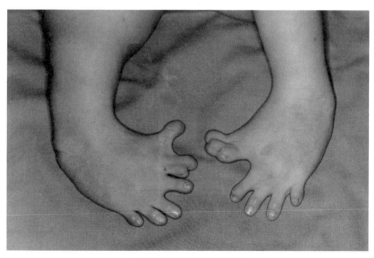

탈리도마이드 기형아의 발가락

리 사용되었다. 그러나 1960년부터 1961년 사이에 이 약을 복용한 임산부들이 기형아를 출산하면서, 위험성이 드러나 판매가 중지되었다. 탈리도마이드 복용으로 인한 기형아는 만 명 넘게 나왔으며, 원인 조사 결과 이 약은 태아의 사지 발달 과정에 영향을 주어 임신 초기에 복용할 경우, 태아의 팔과 다리가 제대로 자라지 못한다는 것을 알게 되었다. 또한 동물실험에 사용한 개, 고양이, 쥐, 햄스터, 닭에게는 아무런 부작용이 없었지만, 토끼에서는 사람과 비슷한 독성이 나타나는 것도 나중에 밝혀졌다. 탈리도마이드는 의약품의 부작용에 대한 가장 비극적인 사례로 기록되었다. 이처럼 동물실험에서는 문제가 없었더라도 사람에게도 괜찮을 것으로 생각해서는 안 된다. 한편 오늘날에는 탈리도마이드의 부작용이 오히려 한센병, 다발성 골수종과 암 등의 치료에 쓰일 수 있다는 것이 알려져 제한된 경우에 사용되기도 한다.

동물실험이 성공하면 사람을 대상으로 임상시험을 하게 된다. 제약회사는 동물실험 결과를 포함하여 임상시험의 목적, 대상 질병, 방법, 시험 대상 환자 수, 기간, 시험기간 등을 기록한 임상시험계획서를 식품의약품안전처에 제출하여 승인을 받아야 한다. 식약처로부터 임상시험 계획이 승인되면 임상시험 대상자를 모집하게 되는데, 다른 방법으로 치료가 되지 않아 새로운 치료제의 효능을 기대하는 환자들이 주로 지원하게 된다. 임상시험 대상자는 참가 기간 동안 여러 가지 검사와 진료를 받게 되며, 시험이 끝난 후에도 사후관리를 받는다. 그러나 임상시험이 100% 안전하게 진행된다고는 장담할 수 없기 때문에 사전에 어떤 부작용이 있는지, 예측되는 효능과 동의서 작성 등에 대해 충분한 설명을 듣고 결정해야 한다. 또 임상시험에 참여 중이라도 대상자가 원하지 않으면 도중에 시험대상에서 나올 수 있다.

임상 1상 단계에서는 환자에게 어느 정도의 용량을 사용해야 안전하게 치료할 수 있는지, 부작용은 없는지를 알아본다. 일반적인 병의 치료제인 경우에는 환자가 아닌 일반인을 모집하여 적용하기도 하지만 줄기세포 치료제는 해당 질병을 가진 환자를 대상으로 적용하는 경우가 일반적이다. 임상 2상 단계에서는 실제 치료 효과를 검증하기 위한 단계로, 1상 시험에서 안전성이 확보된 치료제를 이용해 환자 집단에게 치료효과를 검증하며, 이때 소수의 환자를 대상으로 한다. 임상 3상 단계는 치료제의 안전성과 효과성을 종합적으로 평가하는 단계이다. 이 단계에서는 2개 이상의 임상시험기관(병원)에서 1상이나 2상보다 많은 환자를 대상으로

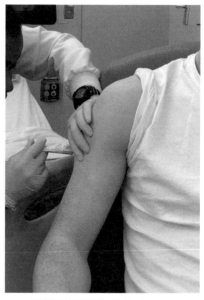

임상시험 참가자가 주사를 맞고 있는 모습

시험한다. 3상 시험까지 성공하면 식약처에서 품목 허가를 내준다. 이로써 상업화가 가능하고 병원에서 치료제로 사용할 수 있게 된다.

그런데 줄기세포 치료제는 제품 개발에 많은 비용과 시간이 필요할 뿐만 아니라, 해당 질병에 걸린 환자 수가 매우 적은 경우에는 대부분 임상시험 3상 결과를 확인하기까지 시간이 오래 걸린다. 따라서 효과가 아직 충분히 확인되지 않은 상태인데도 환자들에게 빠른 적용이 필요하다고 인정되는 경우에만 임상시험 3상을 조건으로 미리 허가를 내주기도 한다(선허가 후임상). 이때 허가받은 치료제이지만 아직 효과가 확증되지 않았음을 의미한다. 특히 우리나라에서는 2020년 8월 28일부터 시행된 첨단재생바이오법 시행을 통해 재생의료에 관한 연구를 할 때 일정 요건이 충족되면 심사기준을 완화해 맞춤형 심사, 우선심사, 조건부 허가 등이 가능하도록 법 제도를 마련했다. 이에 줄기세포 치료제 승인과 관련된 절차를 완화했다.

미국에서는 줄기세포 치료제의 임상시험 절차를 2상 임상시험에 통과하면 한시적으로 사용을 승인하고 3상 임상시험 결과는 5년 이내에 제출하도록 하는 법안을 2016년에 발의했지만, 관련 학계의 반대에 부딪혀 법안으로 통과되지는 못했다. 하지만 일본은 조건부 승인을 통해 줄기세포 치료제의 승인과 사용을 완화했다. 의사의 판단이 있고 환자가 동의하면 줄기세포 치료를 받을 수 있고 보험 적용도 받을 수 있다. 일본이 줄기세포 치료제 개발에 적극적인 것은 야마나카 신야 교수의 노벨생리의학상 수상이 계기가 되었다. 이러한 지원에 힘입어 2019년 〈네이처〉지에는 일본 연구팀이 인간면역결핍바이러스(HIV)에 감염된 남성 환자에게 줄기세포 치료술을 적용하여 완치하는 데 성공했다는 논문이 실리기도 했다. 한편, EU에서는 줄기세포를 이용한 치료를 '의료행위'가 아닌 '첨단의료제품'으로 보고 환자가 원하면 줄기세포 치료제를 사용할 수 있도록 하고 있다. 이처럼 나라별로 줄기세포 치료제의 승인 및 사용 현황에는 차이가 있다.

우리나라의 줄기세포 치료제 임상연구 건수는 2019년 기준으로 총 16개이며, 미국 다음으로 많은 치료제의 임상연구가 진행 중이다. 하지만 올해로 7년째 새롭게 품목허가를 받는 제품이 나오지 않고 있다는 점은 문제로 지적되고 있다. 임상연구 단계에서 탈락되는 치료제가 많은 것이 그 이유이다. 한편 지금까지 개발된 줄기세포 치료제는 성체줄기세포를 이용해 만든 것이며, 아직 배아줄기세포를 이용해 만든 줄기세포 치료제는 없다.

국내에서는 줄기세포 임상시험이나 시술을 하려면 식약청의 승인을 받아야 하지만 중국이나 일본 같은 해외는 이런 기준이 없어 치료가 자유롭다. 이 때문에 난치성 질환을 앓고 있는 환자가 국내에서는 상용화되지 않은 시술을 외국에서 받고 오는 경우가 있다. 하지만 안전성에 대한 검증이 이뤄지지 않았기 때문에 주의해야 한다.

줄기세포와 신약 테스트

줄기세포는 난치병을 치료하는 치료제로 주로 이용되지만, 신약의 안전성을 검증하는 데에도 유용하게 사용할 수 있다. 일반적으로 신약을 개발하고 판매 허가를 얻기까지 10년 이상 걸리는 경우가 많다. 효과가 있는지, 안전한지를 꼼꼼히 확인해야 하기 때문이다. 보통 신약을 개발하면 동물 임상실험을 거쳐 안전성이 통과된 이후에 환자들에게 여러 번 적용하여 효과를 확인하는 방법으로 진행된다. 하지만 동물을 대상으로 임상실험을 할 경우에는 시간이 오래 걸릴 뿐만 아니라, 실험 도중에 많은 동물이 죽기 때문에 윤리적인 문제로 비난을 받기도 한다. 또한 탈리도마이드 사례에서 보듯이 동물실험을 통과했다 하더라도 인간에게 적용할 경우에 100% 안전하다고 볼 수 없다.

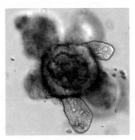

줄기세포를 이용해 만든
소장 상피 오가노이드

그런데 줄기세포를 이용하면 동물실험을 하지 않고서도 신약의 효과를 확인할 수 있다. 예를 들어 줄기세포를 우리 몸에서 해독 기능을 담당하는 간세포로 분화시켜 신약을 투여하면, 간세포가 신약의 독성을 제대로 없애는지 알 수 있다. 2009년 네덜란드 한스 클레버스(Hans Clevers) 박사는 생쥐의 직장에서 채취한 줄기세포를 배양해 같은 기능을 하는 세포를 체외에서 키우는 데 성공한 다. 오가노이드라고 하는 이 미니 장기는 사람 장기와 같은 기능을 해서 장기 반응을 확인할 수 있다.

또한 같은 약이라도 환자에 따라 효과가 달라지기 때문에 다양한 사람들의 줄기세포를 이용하여 신약의 효과를 검증하면, 각각의 사람들에게 나타나는 효과를 알 수 있어 맞춤의학도 가능하다. 맞춤의학은 개인의 체질, 약물에 대한 반응 등을 개별적으로 조사하여 환자에게 알맞은 약이나 치료 방법을 사용하는 것으로 유전자 진단 같은 첨단 기법이 발달하면서 맞춤의학도 발달하게 되었다.

6장

줄기세포 치료술

골프 황제 타이거 우즈는 닳아 없어진 연골에 줄기세포를 넣어 연골을 재생시키는 시술을 받고 재기에 성공했다. 또 미식축구 스타 하인스 워드도 이 시술을 받고 효과가 있었다고 한다. 이렇게 유명인들이 줄기세포 치료술을 받았다는 소식이 널리 알려지면서 줄기세포를 이용한 치료술에 대한 광고를 자주 접할 수 있다. 병원 광고를 보면 퇴행성관절염이나 가슴성형, 지방이식 등의 미용 시술 같은 치료에 줄기세포를 이용한 치료로 효과를 보는 모습을 볼 수 있다. 이러한 종류의 치료는 '줄기세포 치료술'이라고 부르는데, 앞에서 살펴본 줄기세포 치료제와 같은 것으로 생각하는 경우가 많다. 하지만 줄기세포 치료제와 줄기세포 치료술은 여러 가지 면에서 차이가 있다. 먼저 줄기세포 치료제는 줄기세포를 이용한 약으로 의약품에 해당된다. 따라서 식약처의 인증을 받아야 판매를 할 수 있고, 신약으로 인증받으려면 여러 가지 까다로운 절차를 거쳐야 한다. 반면 줄기세포 치료술은 환자 자신의 몸에서 빼낸 자가 줄기세포를 관절내시경이나 주사를 통해 치료하는 의료행위인 시술을 의미하며, 보건복지부의 관리를 받는다. 관련법도 서로 다른데 줄기세포 치료술은 의료법의 적용을 받고, 줄기세포 치료제는 약사법의 적용을 받는다.

줄기세포 치료제와 줄기세포 치료술의 차이		
구분	줄기세포 치료제	줄기세포 치료술
정의	줄기세포를 이용한 '약'	환자의 조직을 떼어 줄기세포만 분리, 병원의 자체 품질 검사를 거쳐 환자에게 투여하는 의료행위
관련법	약사법	의료법
개발과정	동물실험→임상시험1상→임상시험2상→임상시험3상	의사의 책임 하에 임상시험으로 시행한 치료술
승인과정	임상3상 시험 결과 안전성 및 유효성이 인정되는 경우에 신약으로 승인	해당 시술 결과가 보고된 다수의 의학문헌 고찰을 통해 안전성 및 유효성(효과)이 인정되는 경우에 신의료기술로 인정
검토·승인기관	식품의약품안전처	보건복지부 신의료기술 평가위원회
진료비	개발 과정 중에는 진료비 청구 불가, 허가된 줄기세포 치료제의 경우에만 환자가 치료비용 부담	신의료기술로 인정되기 전에는 진료비 청구 불가, 신의료기술로 인정된 후에만 환자가 치료비용 부담(단, 미용 목적의 성형 등 수술일 경우에는 예외)

출처: 중앙일보 헬스미디어
(https://jhealthmedia.joins.com/article/article_view.asp?pno=20706)

줄기세포 치료술은 병원에서 간단한 기기를 통해 줄기세포 자체만 분리하고 자체 품질 검사를 거친 뒤 주입하기 때문에 시술의 유효성이나 효과 등이 약품보다는 떨어질 수 있다. 줄기세포 치료술은 시술 결과가 논문 등을 통해 효과성을 인정받을 때에만 신의료기술로 인정된다. 신의료기술로 인정되기 전에는 진료비를 청구할 수 없고, 신의료기술로 인정된 후에만 환자에게 치료비를 청구할 수 있다.

신의료기술이란 2007년에 새로 도입된 제도로 전문가들이 새로운 의료기술이 얼마나 안전하고 효과가 있는지를 평가하여 사용 여부를 결정하는 제도이다. 의사와 변호사 등 20명의 전문가들로 구성된 평가위원회에서 기술과 관련된 논문들을 분석하여 허가 여부를 결정한다. 신의료기술로 인정받는 것은 어렵다. 해마다 250건 정도의 심사를 치르지만, 실제로는 100건 정도만이 통과한다고 한다. 신의료기술로 인정받으면 건강보험평가원에서 보험 수가를 결정하고, 병원에서 이를 적용할 수 있다.

현재까지 줄기세포 치료술과 관련하여 신의료기술로 인정받은 치료술은 네 가지이다. 근골격계 질병과 관련한 자가골수 줄기세포 치료술(무릎연골 재생시술이 여기에 해당됨), 혈관 외과 분야에서의 자가골수 줄기세포 치료술, 심근경색 및 허혈성 심장질환에서의 자가골수 줄기세포 치료술이 여기에 해당된다.

앞에서 이야기한 무릎연골 재생시술에 대해 좀 더 자세히 알아보자. 이 치료술은 신의료기술로 인정받아 환자에게 치료비를 청구하고 시술할 수 있다. 연골 재생시술의 대상은 15세 이상 50

세 이하의 연골 결손 환자로 후천적인 사고로 인한 연골 손상일 경우, 연골 손상의 크기는 2~10cm^2 정도일 때 가능하다. 하지만 병원 광고에 나오는 퇴행성관절염이나 연골연화증은 신의료기술 인정 대상에 포함되지 않는다. 왜냐하면 연골이 약해져 생기는 연골연화증은 연골이 닳아 없어진 게 아니라 약해진 것이기 때문에 줄기세포로 연골을 재생할 필요가 없으며, 퇴행성관절염 환자도 세포재생이 잘 안 되기 때문에 시술을 받아도 효과가 없기 때문이다.

또 미용 목적의 수술 등을 위한 줄기세포 이식술은 신의료기술 승인 여부와 상관없이 의료기관에서 시술이 가능하고, 진료비를 청구할 수 있도록 되어 있다. 그렇기 때문에 미용 목적의 줄기세포 치료술은 현재 법의 사각지대에 놓여 있다. 의사의 책임 하에 '임의 시술'을 할 수 있어 치료 효과에 대해서 검증되지 않았는데도, 비싼 시술비용을 받으며 성업 중이다. 효과를 보려면 제대로 된 줄기세포를 분리해야 하고 줄기세포가 환자의 몸에 잘 생착할 수 있도록 해야 하는데, 줄기세포 추출 기계의 성능에 차이가 크다는 것이다. 전문가들의 말에 따르면 제대로 된 기계로 줄기세포를 분리해 주입하는 곳은 10여 곳도 되지 않는다고 한다. 따라서 병원에서 하는 홍보용 광고를 무턱대고 믿지 말고, 신의료기술로 인정을 받은 시술인지, 시술 효과를 볼 수 있는 대상인지, 시술에 대한 안전성이나 효과가 검증되었는지를 꼼꼼하게 확인해야 한다.

7장

성장하는 항노화 산업

　진시황의 불로초, 그리스 신화에 나오는 신들의 음식 암브로시아와 신들의 음료 넥타르, 북유럽 신화에 나오는 이둔 여신의 황금사과는 영원한 젊음과 영생을 약속하는 음식이다. 각 나라에 전해오는 전설에는 마시면 젊어지는 젊음의 샘을 찾아 헤매는 사람들의 이야기도 많이 나온다. 이처럼 예로부터 인간은 젊음을 유지하는 데 많은 관심을 가졌다. 생명공학정책연구센터가 발간한 〈항노화 치료 및 서비스 시장의 현황 및 전망〉 보고서 분석에 따르면, 2017년에 625.3억 달러에서 연평균 6.5%가 성장해 2022년에는 885.5억 달러로 성장할 것으로 전망된다고 한다. 항노화 산업은 노화를 예방하고 진행을 늦추는 치료나 서비스와 관련된 사업으로, 예를 들어 피부노화 방지, 탈모 방지, 혈관 기능 향상, 대사 기능 향상과 노화나 퇴행성 질환 예방 등이 있다. 요즘은 외모가 경쟁력의 일부인 세태를 반영하여 중장년층뿐 아니라 20~30

대 젊은 세대까지 뛰어들어 수요가 급증하고 있다. 이러한 항노화 사업에도 줄기세포가 활용되고 있다. 줄기세포는 피부의 탄력을 좋게 하여 주름을 없애거나 움푹 들어간 부분을 보기 좋게 채울 수 있다. 얼굴의 처지거나 꺼진 부위에 지방과 줄기세포를 집어넣어 탱탱하고 입체감 있는 얼굴을 만드는 것이다. 한편 기존의 가슴성형 수술은 보형물 파괴나 모양 변형 등의 부작용이 있었다. 2004년 일본에서는 엉덩이의 지방세포와 줄기세포를 섞어 환자의 가슴에 넣어 보기 좋게 만드는 가슴성형 수술에 성공했다. 또 유방암으로 가슴을 절제한 환자들도 지방세포와 줄기세포를 주사해 효과를 볼 수 있다.

의학의 발달에도 아직 해결되지 않은 또 하나의 분야는 바로 탈모이다. 예전에는 주로 남자에게서 탈모가 나타났으나 요즘은 임신과 출산, 스트레스로 인한 여성 탈모, 청년층의 탈모도 증가

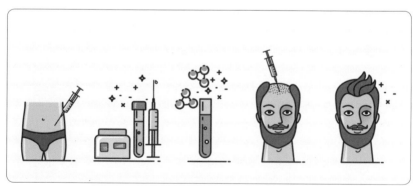

탈모 치료

하는 추세에 있다. 우리나라의 탈모 인구는 약 900만 명 정도로 추정되며, 탈모와 관련된 시장의 규모는 2조 원이 넘는다. 방송에서 탈모에 좋은 음식이나 생활습관 등을 소개하고, 탈모에 좋다는 가정용 기계도 개발되었지만, 아직까지 제대로 된 탈모 치료법은 없다. 탈모를 해결하는 사람에게 노벨상을 주어야 한다는 우스갯소리도 있을 만큼, 탈모 환자들의 마음은 절박하다. 탈모 환자들은 대부분 가발을 쓰거나 모발이식 수술을 받는다. 물론 미녹시딜이라는 탈모 치료약이 있긴 하지만, 이 약은 모낭이 살아 있는 경우에만 효과가 있다. 그런데 모낭은 배아 발생 초기에 만들어지며, 한 번 손상되면 다시는 만들어지지 않기 때문에 모낭 자체가 없는 사람에게는 효과가 없다. 따라서 탈모 환자의 머리에 모낭 줄기세포를 이식하면 새로 머리카락이 날 수 있을 것으로 기대하고 있다.

| 지방채취 | 세포분리 | 단백질에
의한 활성화 | 주사제 | 결과 |

노화 예방

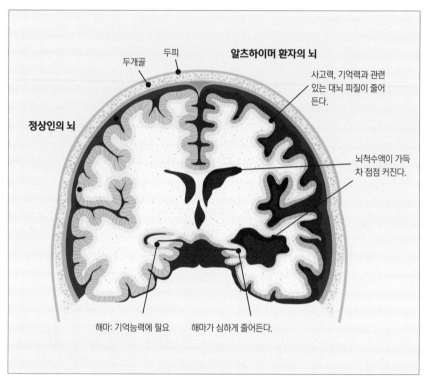

두개골   두피   **알츠하이머 환자의 뇌**

사고력, 기억력과 관련
있는 대뇌 피질이 줄어
든다.

정상인의 뇌

뇌척수액이 가득
차 점점 커진다.

해마: 기억능력에 필요   해마가 심하게 줄어든다.

일반인과 알츠하이머 환자의 뇌

　나이가 들수록 몸에 기운이 빠지고, 주름이 생기는 등의 변화도 나타나지만, 가장 큰 변화는 기억력이 떨어진다는 것이다. 일상생활에서 갑자기 집 현관의 비밀번호가 생각나지 않는다거나, 물건을 어디에 두었는지 잊는 경우가 있다. 이것을 대개 건망증이라고 생각하기 쉽지만 증상이 심할 때는 건망증이 아닌, 알츠하이머 같은 노인성 치매일 수도 있다. 증상이 심해지면 일상생활의 사소한 것을 잊어버리고, 집에 오는 길을 기억하지 못한다거나 가족을 알아보지 못하는 등 점점 심각한 상황이 된다. 이러한 증상은 뇌의 신경세포가 파괴되어 생기는 것으로, 줄기세포로 뇌신경세포를 만들어 넣어주면 손상된 뇌신경을 치료할 수 있다. 영국에서는 쥐를 대상으로 줄기세포를 이용한 기억력 회복 실험을 했다. 나이든 쥐를 두 개의 무리로 나누어 한 무리에만 뇌에서 기억을 담당하는 부위인 해마에서 얻은 젊은 신경줄기세포를 주사했다. 두 무리의 쥐들에게 미로를 찾아가는 훈련을 반복하여 실시한 결과, 줄기세포를 이식받지 않은 쥐들은 계속 미로를 헤매는 데 비해, 줄기세포를 이식받은 쥐들은 길을 기억하고 있어서 미로를 빨리 빠져 나가는 것을 관찰할 수 있었다. 줄기세포를 이식받은 쥐의 뇌를 관찰한 결과 새로운 줄기세포가 뇌를 재생했다는 것을 알게 되었다.

또 신경계와 관련된 질병 중 파킨슨병도 줄기세포를 이용해 치료할 수 있다. 파킨슨병은 도파민이라는 물질이 잘 분비되지 않아 걸리는 병으로 초기에는 팔과 다리가 불규칙하게 떨리다가 결국 온몸의 근육이 마비된다. 65세 노인의 1%가 걸릴 정도로 노인에게서 많이 생기는 병이지만, 젊은 사람이 걸리기도 한다. 아직까지 병의 원인은 밝혀지지 않았지만, 우리나라에는 10만 명의 환자가 있는 것으로 추정된다. 파킨슨병을 치료하기 위해서는 줄기세포를 도파민을 분비하는 신경세포로 분화시킨 후 뇌의 손상 부위에 이식하는 방법이 있다. 이런 연구가 계속 진행된다면 노화도 언젠가는 정복할 수 있게 될 것이다.

8장

줄기세포 연구의 미래

　2021년 네이처가 주목한 10대 과학 이슈에 코로나19, 백신, 줄기세포, 알츠하이머 이렇게 4개의 보건과학 이슈가 포함되었다. 줄기세포와 관련된 내용으로는 '연구지침 개편(Stem-cell revamp)'과 관련된 사항인데, 과학자들은 배아 수정 후 체외배양 가능 기간을 14일로 규정한 현재 안이 연장될 것인지에 대해 관심을 가지고 있다고 한다. 이처럼 생명과학 분야에서 줄기세포 연구는 현재뿐만 아니라 미래에도 중요한 위치를 차지하고 있음을 알 수 있다.

　줄기세포를 이용해 줄기세포주를 만들면 무한정 증식이 가능하다. 이 말은 잘 관리하기만 한다면 무한정 사용할 수 있다는 뜻이다. 하지만 줄기세포를 배양할 때 사용하는 배양액의 조건과 배양 환경에 따라 품질에 큰 차이가 있다. 이러한 품질의 차이는 줄기세포를 이용한 치료제 개발에 걸림돌이 된다. 또 만들어놓은 줄기세포주를 잘 보관하지 않으면 오염되거나 손상되어 연구에 쓸 수 없게 되기도 한다. 그리고 줄기세포를 환자에게 이식할 때 일어날 수 있는 면역거부반응 때문에 가능한 많은 종류의 줄기세포주를 확보할 필요가 있다. 우리나라처럼 인종 간의 다양성이 적은 경우에는 면역거부반응을 고려하여 최소 100개 이상의 줄기세포주가 필요하며, 외국 환자들까지 고려한다면 더 많은 수의 줄기세포주가 있어야 한다.

그래서 선진국에서는 줄기세포은행을 만들어 줄기세포와 줄기세포주를 체계적으로 관리하고 있다. 국가별로 줄기세포 관리 현황을 살펴보면 영국처럼 국가가 줄기세포은행을 만들어 관리하는 경우도 있지만, 미국처럼 다른 민간 기관에 위탁하여 관리하는 경우도 있다. 2004년 5월 19일, 세계 최초의 줄기세포은행인 영국줄기세포은행(UK Stem Cell Bank)이 영국에 설립되었다. 영국 국립생물표준연구통제연구소(NIBSC) 안에 설립된 줄기세포은행에는 런던의 킹스칼리지와 뉴캐슬의 생명센터 등에서 추출한 배아줄기세포가 보관되어 있다. 세계 최초로 설립된 줄기세포은행의 목적은 배아줄기세포를 분류, 보관, 복제하고 이를 필요로 하는 전 세계 연구원들에게 분양하는 것이다. 일반 은행은 누구나 돈을 맡기거나 찾을 수 있지만, 줄기세포은행은 연구원들만 이용할 수 있다는 것이 다르다. 특히 영국은 세계 최초로 인간 배아연구를 제도적으로 허용한 나라로, 제한은 있지만 체세포복제배아 연구를 포함하는 모든 인간 배아연구를 허용함으로써 많은 줄기세포와 줄기세포주를 보관하고 있다. 이곳에는 185개의 줄기세포주가 등록되어 있으며, 이 중 22개의 줄기세포를 연구자들에게 분양하고 있다.

미국은 국립보건원에 배아줄기세포은행을 개설해 6개국 연구팀에서 받은 78개의 배아줄기세포를 보관하고 있고, 이곳에는 우리나라 연구기관에서 만든 배아줄기세포주 6개도 등록되어 있다. 2010년 이후 위스콘신 대학에 WISC 뱅크(Wisconsin international Stem Cell Bank)를 개설하여 줄기세포은행 업무를 수행하고 있다. WISC 뱅크에서는 배아줄기세포뿐만 아니라 역분화줄기세포도 보관하며, 줄기세포의 품질관리, 줄기세포의 특성 분석, 줄기세포 연구자 지원, 일반인을 대상으로 한 줄기세포 교육 등을 진행하고 있다.

일본은 인간의 배아줄기세포 연구를 금지하고 있지만 인간 배아줄기세포주를 만들고 이를 이용한 연구는 허용하고 있다. 2001년 일본 정부가 재정 지원을 하여 이화학연구소(RIKEN)에 생물자원센터 세포주 은행(RIKEN Bioresource Center Cell Bank)을 설립하고 배아줄기세포와 역분화줄기세포를 관리하고 있다. 그밖에 싱가포르, 대만, 스페인 등에서도 줄기세포은행을 만들어 운영하고 있다.

우리나라는 어떨까? 우리나라가 줄기세포 강국으로 거듭나기 위해서는 만들어진 줄기세포주를 공적인 기관에서 검증하고 체계적으로 관리하고, 필요한 연구자에게는 연구용 줄기세포를 공급해주는 시스템이 필요하다. 이에 2012년 충북 오송에 줄기세포 자원을 확보해 보관하고 재생의료 연구를 뒷받침할 국가 줄기세포은행이 개소되었다. 국가 줄기세포은행은 2015년 건립된 국립줄기세포재생센터의 일부로, 국내에서 수립되는 줄기세포주를 확보해 보관 및 관리를 하는 역할을 맡았다. 이 은행에서는 배아줄기세포주를 기탁받고 보관하거나 배양하고 분양하는 기능뿐 아니라 역분화 줄기세포를 직접 수립하기도 한다. 또 연구자에게 줄기세포 관련 정보도 제공한다. 이밖에 연구기관 간에 정보공유를 유도하고 민간의 연구 역량을 집중화하거나 효율화하는 등의 공익적 기능을 수행한다. 연구자들은 이곳에서 임상용 줄기세포를 분양받을 수 있어, 임상시험에 드는 비용을 절감할 수 있다.

이렇게 줄기세포은행에 줄기세포를 보관하게 되면, 전 세계 연구자들의 연구 성과들이 한데 모이기 때문에 연구의 진행사항을 서로 알 수 있고, 연구 재료를 쉽게 구할 수 있는 장점이 있다. 또 믿을 만한 기관에 연구 결과를 등록함으로써 법의 보호도 받을 수 있다. 줄기세포은행이 활성화되면 치매, 파킨슨병, 당뇨병, 암 등 여러 가지 질병의 치료법을 찾아내는 데에도 도움이 된다. 이렇게 더 많은 줄기세포들이 모이게 되면 현재의 골수은행과 같은 역할도 할 수 있다. 전 세계 사람들의 줄기세포를 보관하고 있다가, 환자에게 맞는 줄기세포를 이용해 치료할 수 있게 되는 것이다.

줄기세포 연구의 역사2

연도	과학사
1955	에드워드 도널 토머스(Edward Donnall Thomas, 1920~): 미국의 혈액학자로 골수 이식법을 개발하여 백혈병, 유전성 골수암, 재생불량성 빈혈을 치료할 수 있는 계기를 마련했다. 그리고 골수 이식에 있어 면역억제제를 이용하거나 유전형질이 비슷한 사람의 골수를 이식하면 이식 거부반응이 나타나지 않는다는 사실도 밝혀냈다. 그는 세포이식 방법을 개발한 공로로 1990년 노벨생리의학상을 수상했다.
1999	미셸 레베스크(Michel F. Levesque, 1956~): 파킨슨병의 치료에 줄기세포를 이용하는 방법을 연구했다. 그는 파킨슨병을 앓고 있던 터너 박사를 대상으로 수술을 진행했는데, 수술 전 터너 박사는 오른쪽 신체 절반이 마비된 상태였다. 수술 결과 일상생활에 문제가 없을 정도로 파킨슨병이 크게 호전되어, 파킨슨병을 치료하는 데 줄기세포를 이용할 수 있다는 것을 증명했다.
2002	미국 애틀란타 에모리의과대학 연구팀은 인간 배아줄기세포가 심장근육세포로 분화될 수 있다는 것을 발견했다. 이 발견은 과학자들로 하여금 배아줄기세포가 심장마비 환자들을 위한 새로운 심장근육을 만드는 데 사용될 수 있는지 연구하는 계기가 되었다.
2003	다국적 거대 과학프로젝트인 휴먼게놈프로젝트가 완성되었다. 게놈(genome)이란 생물의 유전물질 디옥시리보 핵산(DNA)을 담고 있는 그릇에 해당하는 염색체 세트로, 유전정보 전체를 의미한다. 이처럼 생명체의 모든 유전정보를 가지고 있는 게놈을 해독하여 유전자 지도를 작성하고 유전자 배열을 분석하는 연구 작업을 '게놈 프로젝트'라고 한다. 이를 통해 개인별 맞춤 유전자 치료가 가능하게 되었다.
2005	영국의 안과 전문의 셰라즈 다야(Sheraz Daya)가 죽은 기증자들의 골수로부터 얻은 인간 줄기세포를 실험실에서 배양하고 눈에 이식하여 각막이 손상된 환자 40여 명의 시력을 회복시켰다. 그 결과, 환자 중 일부는 이식한 기증자의 줄기세포가 환자 자신의 줄기세포로 대체되었고, 시력을 잃었던 환자들은 안경을 쓰면 정상적인 생활이 가능할 정도로 상태가 호전되었다.
2009	영국 뉴캐슬대학교의 카림 나예르니아(Karim Nayernia) 교수팀이 남성 배아세포에서 채취한 줄기세포로 인간 정자를 만드는 데 성공했다. 이 결과는 남성불임 치료에 대한 기대를 모으는 것과 동시에 인공적으로 생명을 만들 수 있다는 것과 인간 유전자 변형의 가능성을 열었다는 여러 가지 윤리 문제 때문에 비판을 받기도 했다.
2015	미국 피츠버그 대학 연구팀이 사랑니로부터 추출한 치아 줄기세포로부터 각막을 재생하는 데 성공했다. 연구팀은 사람의 사랑니에서 줄기세포를 추출한 후 배양하여 각막 줄기세포로 분화시켰고, 이를 쥐의 건강한 각막에 이식하는 데 성공했다.

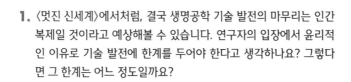

1. 〈멋진 신세계〉에서처럼, 결국 생명공학 기술 발전의 마무리는 인간 복제일 것이라고 예상해볼 수 있습니다. 연구자의 입장에서 윤리적 인 이유로 기술 발전에 한계를 두어야 한다고 생각하나요? 그렇다 면 그 한계는 어느 정도일까요?

2. 기술의 발전으로 실험실 배양을 통해 유전적으로 일반 고기와 동일 한 '세포고기(배양육)'라는 것이 만들어졌지만, 실제 고기와 식감의 차이, 부실한 영양 등의 문제가 대두되고 있습니다. 이 세포고기는 미래 식량이 될 수 있을까요? 자신의 생각을 말해봅시다.

3. 2001년 미국 위스콘신주에서 세계 최초로 복제 젖소에서 우유를 생산하기 시작했습니다. 연구자들은 복제 젖소들이 생산하는 우유 가 일반 소가 생산하는 우유와 똑같으며, 복제가 우유에 아무런 영 향을 주지 않았다고 주장했습니다. 그러나 일반인을 대상으로 한 설 문 조사에서는 사람들이 복제 젖소에서 생산된 우유를 꺼리는 것을 알 수 있었습니다. 복제 젖소에서 생산한 우유 판매 허용 여부에 대 해 생각해봅시다

4. 줄기세포 임상실험이 늘어나며 관련 법률의 필요성이 대두되고 있 습니다. 줄기세포 임상실험과 관련된 법률에는 어떤 내용이 들어가 야 할지 자유롭게 적어봅시다.

4부

복제인간의
현실 가능성

1996년 영화 〈멀티플리시티〉는 복제인간을 소재로 한 SF 코미디 영화이다. 주인공인 덕 키니(마이클 키튼 분)에게는 두 자녀와 사랑스런 아내 로라(앤디 맥도웰 분)가 있다. 평소 가정적인 남편이지만 회사 일이 바빠지면서 몸이 두 개라도 모자랄 지경이 된다. 아내와 대화할 시간조차 없어지자 아내는 이에 대한 불만을 토로하고 부부 사이도 나빠진다.

우연히 세계적인 유전공학자를 만나게 된 덕은 자신의 이런 상황을 하소연하고, 유전공학자로부터 복제인간을 만들 수 있다는 이야기를 듣게 된다. 자신과 똑같은 외모뿐만 아니라 자신의 성격과 기억마저도 동일한 복제인간을 만들게 된 그는 회사 일은 복제인간인 제2의 덕에게 맡기고, 자신은 아내와 자식들과 행복한 시간을 보낸다. 그러나 행복도 잠시, 집안일에 지친 덕은 제3의 덕을 만들어 집안일을 맡기고 자유를 누리게 된다.

그러던 어느 날, 집에 들어온 그는 3명의 덕과 마주한다. 알고 보니 3번 덕이 자기 일을 맡기기 위해 제4의 덕을 만든 것, 문제는 여러 번 복제하다 보니 4번 덕은 불량품이 되어 여러 가지 사고를 치고 다닌다. 4번뿐만 아니라 나머지 복제인간들도 여러 가지 사고를 치면서 그는 직장에서도 해고되고, 아내는 아이들을 데리고 친정으로 가버린다.

이와 같이 복제인간은 SF 영화의 단골 소재로 사용된다. 예전에는 복제인간이 공상과학에서만 다루어졌지만, 1996년 복제양 돌리가 태어나면서 인간을 복제하는 것도 현실에서의 실현 가능성이 높아지게 되었다. 4부에서는 복제연구의 역사를 살펴보고, 복제를 하는 방법, 복제기술을 이용해 할 수 있는 일, 복제기술의 문제점에 대해 알아보려고 한다.

복제연구의 역사

복제연구의 역사는 19세기로 거슬러 올라간다. 당시의 과학자들은 새로운 생명이 탄생하는 데 정자와 난자가 필요하다는 사실을 알고 있었다. 하지만 정자와 난자가 만나 생긴 수정란에서 어떻게 완전한 동물이 태어나는지에 대해서는 정확히 알지 못했다. 난자와 정자가 수정되어 다 자란 동물이 되는 과정을 발생이라 하며, 이것을 연구하는 학문을 '발생학'이라고 한다. 당시 발생학연구는 체외수정을 하는 동물들을 대상으로 진행되었는데, 체내수정을 하는 동물은 발생 과정을 눈으로 관찰하기 어려웠기 때문이다.

19~20세기 초반의 발생학 연구에 대해 알아보자. 독일의 유명한 발생학자였던 바이스만(August Weismann, 1834~1914)은 수정란이 작

은 세포로 나뉘면서 유전정보도 점점 나뉘게 되며, 그 결과 몸의 각 기관을 이루는 세포는 그 기관에 대한 정보만 가지고 있다고 주장했다. 만일 분열 중인 세포의 일부가 사라지면 어떻게 될까? 해당 세포가 담당하는 기관은 발달하지 못해 제대로 태어나지 못한다. 예를 들어 장차 심장이 될 세포가 손상되면, 심장

바이스만

이 없는 상태로 자라게 되어 유산될 것이다.

그 당시 많은 사람들이 바이스만의 이론을 옳은 것으로 믿었지만, 다르게 생각한 사람들도 있었다. 그중 한 명은 독일의 과학자인 한스 드리슈(Hans Driesch, 1867~1941)였다. 드리슈는 크기가 커서 관찰하기 쉬운 성게의 배아세포를 연구했다. 그는 2세포기의 성게 수정란을 바닷물이 든 비커에 넣고 두 세포가 나뉠 때까지 계속 흔들었다. 그러자 두 세포는 서로 떨어져 물속에서 떠돌면서 각각 자라기 시작했는데 성체로 성장한 성게는 크기와 모양이 똑같았다. 4세포기의 성게 수정란을 이용해 같은 실험을 했을 때도 각각 4마리의 성게로 태어나는 것을 확인할 수 있었다. 바이스만의 주장대로라면 나뉘어진 성게 수정란은 불완전한 유전정보를 가지고 있기 때문에 제대로 발생하지 못하고 죽었어야 했다. 그러나 드리슈의 실험을 통해 바이스만의 이론이 옳지 않다는 것을 증명한 것이다. 이 연구를 통해 드리슈는 세포분열 시 유전정보가 전혀

한스 슈페만

감소하지 않는다는 것을 명확하게 증명했다. 물론 최초로 복제생물을 만드는 데에도 성공했다.

이후 독일의 과학자 한스 슈페만(Hans Spemann, 1869~1941)은 아들의 머리카락을 이용해 도롱뇽의 배아세포를 반으로 나뉘 2마리의 정상 도롱뇽을 만드는 데 성공했다. 슈페만의 실험은 일란성 쌍둥이의 원리와 같은데, 이를 통해 수정란의 각 세포가 하나의 생물로 자랄 수 있는 능력이 있다는 것을 증명한 것이다. 더 많은 연구를 통해 발생의 초기에는 동물의 태아 각 부분의 운명은 결정되어 있지 않다는 것도 밝혀냈으며, 이러한 업적으로 1935년에 노벨 생리의학상을 수상했다. 도롱뇽 복제에 성공한 슈페만은 다 자란 동물도 복제할 수 있을 것이라는 다소 혁명적인 생각을 했다. 결과적으로 슈페만의 생각은 옳은 것이었지만, 당시의 기술적 한계 때문에 실제로 증명할 수는 없었다.

슈페만의 주장을 실제로 증명한 사람은 미국 필라델피아 암 연구소 연구원이었던 로버트 브리그스(Robert Briggs, 1911~1983)와 토머스 킹(Thomas King, 1921~2000)이었다. 그들은 1952년에 개구리의 포배 상태의 수정란에서 핵을 하나 떼어냈다. 그리고 수정되지 않은 개구리 난자에서 유리 바늘을 이용해 핵을 뽑아낸 다음, 여기에 수정란의 핵을 넣었다. 약 200번가량 같은 실험을 한 결과 27마리의 올챙이가 태어났다. 하지만 세포분열이 많이 진행된 수정란의 핵을 사용하면 복제 성공률이 낮아질 뿐만 아니라 기형이 되는 올챙이가 많아졌다. 더구나 올챙이의 세포에서 뽑아낸 핵을 난자에 넣었을 때에는 아예 올챙이가 태어나지 못했다. 이러한 결과를 통해 브리그스는 초기 수정란의 핵을 이용해서 복제할 수는 있지만 어느 정도 시기가 지나면 복제를 할 수 없다고 결론 내렸다.

하지만 1962년 영국의 존 거든(John Gurdon, 1933~)이 올챙이의 소장세포 핵을 이용하여 복제개구리를 만드는 데 성공함으로써 이러한 주장이 잘못되었음이 증명되었다. 거든은 남아프리카 발톱개구리를 대상으로 실험했다. 그는 섬세한 유리 대롱을 올챙이의 소장세포에 조심스럽게 찔러 넣은 뒤, 성숙한 세포핵을 뽑아냈다. 그런 다음 똑같은 대롱을 성체

존 거든

개구리의 난자(미리 자외선을 쪼여 난자의 세포핵을 파괴해둔)에 찔러 넣었다. 이렇게 만들어진 백여 개의 수정란에서 몇 개가 부화하는 데 성공했다. 이후 추가 실험으로 어른 개구리에서 얻은 핵과 배아의 분화된 세포에서 얻은 핵을 모두 사용해 올챙이를 발생시키는 데에도 성공했다. 거든의 실험은 이미 분화된 세포가 전형성능을 가질 수 있다는 것을 증명했다는 데 큰 의미가 있다. 즉, 세포가 줄

기세포로부터 일반 세포로 발전하는 과정이 거꾸로도 진행될 수 있음을 처음으로 규명했다는 것이다. 그는 이 공로로 2012년에 노벨생리의학상을 공동수상했다.

거든의 성공 이후, 여러 과학자들이 포유동물을 대상으로 복제를 시도했지만 실험에 어려움이 많았다. 예를 들어 포유동물의 난자는 개구리의 난자보다 4천 배나 작아, 수정란을 조작하는 것이 쉽지 않았다. 1970년대에 생쥐를 대상으로 복제연구들이 진행되었으나 모두 실패했다. 이처럼 개구리 이상의 고등한 동물의 복제는 계속해서 실패했기 때문에 과학자들은 포유류 같은 고등동물에서의 복제는 불가능하다고 생각했다. 그러던 중 1986년 덴마크의 과학자 스틴 빌라드센(Steen Willadsen, 1944~)이 양의 수정란에서 핵을 빼내어 핵이 없는 난자에게 이식해 복제양을 만드는 데 성공했다. 또한 1996년에는 미국의 돈 울프 박사팀이 8세포기의 원숭이 수정란에서 핵을 빼내어 8마리의 복제 원숭이를 만드는 데 성공했다. 하지만 이것은 완벽한 복제 방법은 아니다. 어느 정도 발생이 진행된 수정란에서 핵을 빼내어 만들었기 때문에, 여기서 만들어진 복제동물은 같은 유전정보를 지닌 쌍둥이일 뿐이다. 진정한 복제동물로 인정받으려면 다 자란 동물의 세포핵을 빼내어 원래 동물의 유전정보와 복제동물의 유전정보가 일치하는지 확인해야 한다. 여러 실험 결과 다 자란 동물을 대상으로 복제를 하는 것은 불가능하다는 결론이 나왔다. 하지만 이러한 주장은 복제양 돌리가 태어남으로써 틀렸다는 것이 증명되었다.

식물복제의 역사

복제가 어려웠던 동물과 달리 식물의 복제는 훨씬 더 간단하다. 식물은 무성생식의 방법으로 번식이 가능한데, 예를 들어 줄기나 잎 등 식물의 일부분을 꺾어 땅에 묻으면 새로운 뿌리가 자라 완전한 성체가 되는 꺾꽂이나 접붙임, 휘묻이 등을 통해 쉽게 번식이 가능하다. 이 경우에는 새로 자란 식물은 본체와 유전정보가 같은 복제 식물이 된다. 현대적 의미의 식물복제실험은 1902년 하버랜드(Haberland)라는 과학자가 세포를 구성하고 있는 각각의 세포는 배양할 수 있으며, 각 세포는 전능성을 가져 식물 개체를 재생하는 것이 가능하다는 생각을 제안한 것이 최초이다. 1930년대에 식물의 일부를 이용해 완전한 식물로 만드는 조직배양이 가능하게 되었고, 이후 1958년에 스튜어드(Steward)가 한 개의 당근 뿌리세포를 이용해 완전한 당근을 만들어내는 데 성공함으로써 식물복제 기술이 널리 사용되기 시작했다.

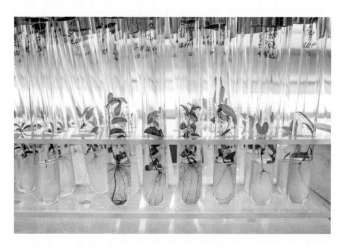

2장

복제양 돌리의 탄생

　동물을 복제하는 방법에는 크게 세 가지가 있다. 첫 번째는 할구분할법이다. 수정란에서 분열하여 2세포기 혹은 4세포기가 되었을 때 각각의 세포들을 분할하여 각 세포들을 성체로 만드는 방법이다. 이 방법은 드리슈나 슈페만의 연구에 사용되었다. 두 번째는 발생 중인 세포에서 채취한 핵을 이식하여 복제하는 방법이다. 수정란이 분열하여 8~16세포기가 되었을 때 각각의 세포로부터 핵을 채취하여 핵이 없는 수정란에 이식하는 방법이다. 브리그스와 킹이 개구리 복제에 사용했던 방법인데, 울프 박사팀이 이 방법을 이용해 레서스 원숭이의 복제에 성공했다. 세 번째는 성체의 체세포로부터 채취한 핵을 이식하여 복제하는 방법이다. 이 기술은 돌리를 생산하는 데 사용되었던 기술로 위의 어느 기술과도 다르다. 그 이유는 돌리는 최초로 완전히 성장한, 즉 분화가 끝난 암양의 젖샘세포로부터 핵을 분리하여 복제되었기 때문이다.

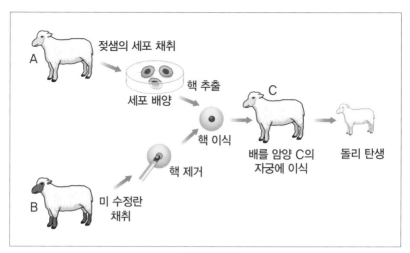

돌리를 만든 방법

1996년 7월 5일 늦은 오후, 스코틀랜드 에든버러에서 약간 떨어진 로슬린 연구소에서 한 마리의 건강한 양이 태어났다. 갓 태어난 돌리라는 이름의 양은 곧 전 세계적으로 유명해졌다. 돌리의 탄생이 특별했던 이유는 무엇일까? 돌리가 짝짓기를 통해 태어난 것이 아닌 다 자란 양의 체세포를 이용해 태어난 완전한 의미의 복제양이었기 때문이다.

로슬린 연구소의 이안 윌머트와 케이트 캠벨은 다 자란 양 '트레이시'의 젖샘세포에서 핵을 떼어냈다. 그리고 다른 양에서 난자를 얻어 난자 속의 핵을 빼낸 다음, 그 안에 젖샘세포의 핵을 넣어주었다. 그 다음 난자와 핵에 전기 충격을 주었다. 전기 충격은 핵에 들어 있는 유전자를 처음 수정란이 발생할 때의 상태로 돌아가게 해서 모든 종류의 세포로 분화할 수 있도록 도와주는 일을 했다. 이렇게 만들어진 수정란은 또 다른 대리모 양의 자궁에 넣어주었다. 즉 돌리가 태어나는 데에는 세포핵을 제공한 양, 난자를 제공한 양, 자궁을 빌려준 대리모 양 이렇게 세 마리의 양이 필요했다.

이렇게 이야기하면 돌리를 만드는 것이 매우 쉬운 것처럼 느껴지지만 실제로 돌리를 만드는 데에는 수많은 실패를 거듭했다. 277개의 난자를 사용해 수정란을 만들었지만 실제로 대리모에 이

복제양 돌리

식할 수 있는 상태로 자란 것은 13개밖에 되지 않았고, 무사히 태어난 것은 돌리 한 마리밖에 없었다. 돌리는 1/277의 확률로 태어난 것이라고 할 수 있다. 처음에는 이 실험의 신빙성에 대해 논란이 있었으나 DNA 지문 분석법을 비롯한 몇 가지 DNA 분석 실험 후에 돌리는 복제양으로 증명되었다. 즉 돌리의 유전자를 검사한 결과, 젖샘세포의 핵을 제공한 양인 트레이시의 유전자와 일치하는 것을 알 수 있었다. 이는 다 자란 동물을 복제하는 데 성공했다는 것을 의미한다. 한편 트레이시는 돌리의 탄생을 보지 못했다고 한다. 돌리를 만드는 실험을 할 때 이미 죽었기 때문이다.

그동안 포유류에서 성체세포 핵을 이용해서 복제 수정란을 만들었을 때 성체로 발생이 되지 않았던 것은, 성체세포 핵의 유전자의 발생과 분화 기능이 정지되었기 때문이다. 이에 돌리를 만든 과학자들은 정지된 세포핵 유전자의 기능을 다시 되돌리는 데 많은 관심을 가졌다. 복제동물을 탄생시키기 위해 성체세포가 가지고 있는 모든 유전자의 기능을 다시 설정하는 것을 '리프로그래밍'이라고 하는데, 리프로그래밍을 위해 성체세포를 최소한의 영양소만 들어 있는 배양액으로 키워 반기아 상태로 만들었다. 세포는 어느 정도 자라면 세포분열을 하는데 반기아 상태에서는 환경이 좋지 않아 세포분열을 하지 못한다. 이 상태에서 핵을 뽑아 성숙한 난자(핵이 없는)에 이식했다. 그리고 난자와 핵이 잘 융합할 수 있도록 전기 충격을 준다. 그렇게 되면 배고픔에 지친 핵은 자신이 분화가 다 된 세포라는 것을 잊어버리고 전기 자극에 의해 난자 세포질과 융합한 후 수정란의 발생 과정을 되풀이하게 된다. 이렇게 해서 돌리가 태어날 수 있었다.

이후에 생쥐(1999), 돼지(2000), 소(2000), 토끼(2002), 고양이(2001), 노새(2003), 개(2005) 등 다양한 종류의 동물복제가 성공적으로 수행되었다.

이 동물들 중에서 복제개는 우리나라에서 최초로 만들어졌다. 서울대학교 이병천 교수 연구팀에 의해서 태어난 스너피(Snuppy)는 서울대학교 영문 첫 글자인 SNU와 강아지의 영어 이름인 puppy를 합쳐 지은 이름이다. 스너피는 아프간하운드 품종의 수컷인 '타이'의 체세포에서 핵을 빼낸 다음, 다른 개에게서 얻은 난자의 핵을 제거하고 타이의 체세포 핵을 이식해 수정란을 만들어 리트리버 품종의 대리모의 자궁에 이식하여 태어났다. 2005년 타임지에서 '올해의 가장 놀라운 발명품'으로 스너피를 선정해 일반인에게도 널리 알려지게 되었다. 또한 복제 동물이 생식능력을 가지고 있는지 알아보기 위해 2008년 스너피의 정자와 다른 암컷 복제개의 난자를 인공수정한 결과 무사히 새끼가 태어났다. 이로써 복제된 동물도 생식 능력이 있음이 증명되었다. 2004년 스너피 복제 당시 복제 성공률은 0.02%에 불과했지만, 이후 2011년의 코요테 복제 연구에서는 복제 성공률이 50%로 높아지는 등 복제 기술은 해가 갈수록 발달하고 있다.

3장

복제로 할 수 있는 일

호박 속 모기

　　복제양 돌리가 세상에 처음 나온 것은 1996년이지만, 영화계에서는 1993년에 이미 복제기술을 이용한 SF 영화가 만들어져 흥행에 크게 성공했다. 바로 영화 〈주라기 공원〉이다. 이 영화는 이미 멸종된 공룡을 복제해 살려낸다는 흥미로운 소재로 만들어졌다. 영화는 공룡의 피를 빨았던 모기가 갇힌 호박이 발견되고, 모기의 몸속에 들어 있는 공룡의 피에서 공룡의 DNA를 뽑아내는 것으로 시작된다. 이를 이용해 완전한 공룡의 유전자를 복원하고, 마침내 공룡을 복원시킨다. 과학적 잣대로 살펴보면 실현 가능성이 거의 없는 이야기다. 수십 억 년 전에 살았던 공룡의 DNA가 변형되지 않고 남아 있을 수도 없고, 설사 있다 하더라도 DNA만 가지고는 공룡이 만들어질 수 없다. 새로운 생명이 탄생하기 위해서는 여러 가지 다른 생체 물질들이 필요하다.

하지만 최근 여러 나라의 과학자들을 중심으로 이미 멸종된

태즈메이니아주머니늑대

매머드

동물을 복원하려는 연구들이 진행되고 있다. 호주의 과학자들은 멸종된 태즈메이니아주머니늑대(학명: Thylacinus cynocephalus, 털가죽 무늬가 호랑이와 비슷하다고 하여 태즈메이니아호랑이라고 부르기도 함)를 복제하는 연구를 하고 있다. 태즈메이니아주머니늑대는 호주와 뉴기니에 살고 있었는데, 양을 잡아먹는다는 이유로 마구 사냥하여 1936년에 멸종되었다. 과학자들은 1866년에 죽은 태즈메이니아주머니늑대의 표본에서 핵을 뽑아낸 다음 유전적으로 가까운 태즈메이니아 데빌이라는 동물을 대리모로 사용해 복원할 예정이었다. 그러나 표본이 보존용액으로 쓰인 알코올에 손상되어 DNA 추출에 어려움을 겪어 연구가 쉽지 않다고 한다.

또 러시아의 과학자들은 매머드의 체세포를 이용해 복원하려는 연구를 하고 있다. 매머드는 코끼리의 조상 생물로 약 480만 년 전부터 살았던 포유류이다. 긴 코와 4m에 달하는 어금니를 가졌고 두꺼운 가죽과 털이 있어 극심한 추위에도 견딜 수 있었지만, 마지막 빙하기 때 멸종되었다. 그런데 알래스카와 같이 추운 지역에서는 매머드가 얼음 속에 온전하게 보존된 상태로 발견되기도 한다. 특히 야쿠츠크의 시베리아 영구 동토층에는 오래전 멸종한 여러 동물이 다수 묻혀 있어 러시아에서는 고유전과학연구소(paleo-genetic scientific centre)를 설립하여 이곳에 묻힌 동물의 사체를 이용해 멸종동물을 복원하는 연구를 진행하고 있다. 매머드 사체에서 세포핵을 추출하고, 대리모로 사용될 매머드는 없지만 유전적으로 아주 가까운 아시아 코끼리를 대리모로 사용해 매머드를 복원하려는 것이다. 현재까지의 진행 결과를 보면 미국 하버드대학에서 매머드 유전자 중 14개의 복제에 성공하여 아시아 코끼리 유전자와 일부 결합하는 데 성공했다고 한다.

이처럼 이미 멸종된 동물을 복원하는 것은 이론적으로는 가능하나 여러 가지 어려움이 있다. 가장 문제가 되는 것은 멸종된 동물의 온전한 DNA를 얻는 것이 쉽지 않다는 점이다. 이에 영국 런던의 자연사박물관에서는 2004년부터 멸종 위기종의 동식물을 표본이 아닌 유전자 상태로 수집하고 있다. 생물의 세포나 조직을 액체 질소로 얼려 보관하여 멸종에 대비할 준비를 하자는 취지이다. 마치 노아의 방주가 대홍수를 대비해 모든 동물들의 암수 한 쌍을 배에 실은 것처럼 생물의 멸종을 대비하는 것이다. 그래서

검은발족제비

이 프로젝트를 '현대판 노아의 방주'로 부르기도 한다.

한편 2020년 12월, '미국 어류 및 야생동물관리국'에서는 멸종 위기 상태인 검은발족제비를 복제하는 데 성공했다. 검은발족제비는 미국 서부에서 흔하게 볼 수 있는 동물이었지만, 여러 가지 이유로 1970년대부터 개체 수가 급격히 줄어들었고, 캐나다에서는 이미 멸종된 것으로 알려져 있다. 1988년 윌라라는 이름의 검은 발족제비가 죽었을 때 윌라의 세포를 냉동 상태로 보관해두었다. 이에 2013년 '미국 어류 및 야생동물관리국'은 검은발족제비 복제 프로젝트를 시작했다. 오랜 연구 끝에 집족제비 어미를 대리모로, 윌라의 DNA를 복제하여 검은발족제비가 태어날 수 있었다.

그밖에도 멸종 위기종을 대상으로 많은 복제 연구가 진행되고 있다. 케냐의 희귀종인 봉고 영양은 아프리카 서부와 중부의 원시 밀림에서 적은 수가 살아가고 있다. 극저온에서 냉동한 봉고 영양의 배아를 이용해 봉고 영양과 비슷한 엘란드 영양을 대리모로 사용하여 복제에 성공했다. 동물복제에 성공하기 위해서는 대리모도 중요한데, 예를 들어 판다도 멸종 위기에 처한 동물이지만 판다와 가까운 종이 없어 복제에 성공할 가능성이 낮다고 한다. 그밖에도 중앙아시아의 야생 양인 아르갈리, 시베리아 호랑이 등을 대상으로도 복제 연구가 진행되고 있다. 우리나라의 경우에는 어떨까? 2004년에 멸종된 것으로 알려진 여우가 죽은 채 발견되었는데, 과학자들은 이 여우의 조직을 냉동 보관해두었다가 복제 기술이 발전되면 복원할 계획이라고 한다.

실제로 성과를 거둔 연구도 있다. 한국 늑대는 1997년 이후 야생에서 발견되지 않아 자연에서 거의 멸종된 것으로 알려져 있다. 환경부에서는 늑대를 '멸종 위기 야생동식물 1급'으로 지정했다. 이에 2005년 한국 늑대를 복원하기 위한 프로젝트가 서울대학교 수의학과에서 진행되었다. 이 프로젝트로 한국 늑대의 체세포를 개의 난자에 이식해 세계 최초로 복제 늑대인 스널피와 스널프가 탄생되었다.

또 다른 멸종 위기 동물복제의 예는 삽살개이다. 바둑이 삽살개는 토종 삽살개로, 털이 긴 삽살개와는 다르게 털이 짧고 얼룩무늬를 가져 '얼룩 삽살개'라고도 부른다. 조선 시대에는 김홍도, 신윤복 등이 그린 민화에 자주 등장할 정도로 개체 수가 많았으

조선시대 화가 김두량의 그림에 나타난 바둑이 삽살개

나, 일제 강점기를 거치면서 일본이 군수용품 제작을 위해 개를 마구 도살하면서 거의 멸종되었다. 1960년대 들어서 삽살개 복원 사업이 진행되어 전국에서 500여 마리의 삽살개를 찾아냈지만, 바둑이 삽살개는 단 한 마리밖에 찾지 못했다. 게다가 이 개는 수컷이었는데 무정자증 불임이어서 번식이 불가능한 상황이었다. 그러나 충남대 김민규 교수팀이 복제 기술을 이용해서 바둑이 삽살개를 복제하는 데 성공했다. 2017년 이 팀은 한국삽살개재단으로부터 수컷인 바둑이 삽살개의 체세포를 받아 바둑이 삽살개 수컷 두 마리를 복제했다. 다행히 복제 삽살개는 모두 정상적인 생식 능력이 있는 것이 확인되었다. 이후 한국삽살개재단에서 키우고 있던 암컷 장모종인 바둑이 삽살개에 인공수정을 실시한 결과, 2019년 12월에 단모종 바둑이 삽살개 2마리와 장모종 바둑이 삽살개 5마리가 태어났다. 단모종 바둑이 삽살개는 전체 삽살개 중에서 1% 이내의 확률로 태어나는 희귀한 동물이라고 한다. 이처럼 멸종위기에 있는 불임동물을 복제, 자연번식기술로 후대를 잇게 한 연구는 세계적으로 유래를 찾아볼 수 없는 결과이다. 동물의 종 보존을 위해서는 단순히 동물복제에 성공하기만 하면 되는 것이 아니라, 복제된 동물이 대를 이을 수 있어야 한다.

1996년 최초의 복제양 돌리가 만들어진 이래 다양한 종류의 포유동물의 복제 연구가 진행되었다. 최초의 복제 고양이는 2001년 미국 텍사스A&M대학교의 과학자들이 만든 CC(Copy Cat)이고, 최초의 복제개는 2005년 우리나라 서울대 수의대에서 만든 아프간하운드종의 복제개 스너피이다. 개와 고양이는 사람과 함께 사는 반려동물로 인기가 있기 때문에 개와 고양이의 복제 성공은 반려동물 시장에도 영향을 주었다. 반려동물은 예전에는 애완동물이라고 불리기도 했지만, 요즘은 사람의 장난감이 아닌 사람과 더불어 사는 가족의 의미로 인식되고 있다. 따라서 반려동물을 키우는 사람들은 가족처럼 사랑하는 반려동물이 죽은 후 우울감과 상실감을 경험하는 펫로스 증후군을 겪기도 한다. 이러한 사람들을 위해 2015년 미국의 한 회사에서는 반려동물복제 서비스(클로닝 서비스)를 운영하고 있다. 개를 복제하는 데에는 우리나라 돈으로 6000만 원, 고양이를 복제하는 데에는 3000만 원이 든다고 한다. 그런데 복제를 통해 만들어진 반려동물은 원래의 반려동물과 같은 유전자만 공유하고 있을 뿐 원래의 반려동물은 아니다. 반려동물과 함께 했던 시간과 추억은 공유할 수 없기 때문이다. 따라서 진정한 의미의 반려동물복제는 의미가 없다고 할 수 있다.

하지만 이러한 복제 기술은 특수한 목적을 가진 동물을 만드는 데 이용되기도 한다. 개는 뛰어난 감각 기관의 능력으로 인명구조, 폭발물 탐지, 마약 탐지 등 다양한 분야에서 활동한다. 이러한 특수목적견이 되기 위해서는 많은 강아지들을 선발하여 어렸을 때부터 훈련을 하고 여러 번의 시험에 통과해야만 한다. 최종 합격률은 약 30% 정도로 낮은데, 특수목적견 한 마리가 최종 합격하는 데 드는 비용이 1억 3000만 원이라고 한다. 그런데 복제 기술을 이용하여 특수목적견의 체세포로 복제한 개들은 이미 우수한 특수목적견의 유전자를 가지고 있기 때문에 특수목적견이 될 확률이 80%로 높아진다. 또 복제 특수목적견을 만드는 데 드는 비용도 4,600만 원으로 일반 개를 대상으로 하는 것보다 저렴하다고 한다.

2019년 국정감사 자료에 따르면 장기이식 대기자는 4만 명에 육박하는 데 비해, 기증자는 10분의 1에 불과하다고 한다. 장기이식 대기자 수는 매년 약 3000명이 증가하는데, 장기기증 희망자는 해마다 줄어들어 2014년 10만 8,898명에서 2018년 7만 763명으로 줄어들었다고 한다. 이에 장기이식 대기자는 평균 1,182일을 대기하고 하루에 3.9명이 이식을 기다리다가 사망하는 실정이다.

이러한 문제는 장기이식용 동물복제 기술을 이용하면 해결할 수 있다. 돼지는 인간과 생리적 특성이 비슷한 점이 많고 새끼를 많이 낳아 이식용 장기의 대량공급이 가능하다는 점에서 인간에게 장기를 제공할 수 있는 최적의 동물로 꼽히고 있다. 그러나 동물의 장기를 부작용 없이 인간에게 이식하려면 면역거부반응 문제를 해결해야 한다.

2009년 국내 연구팀(한국생명공학연구원·국립축산과학원·단국대·건국대·전남대)은 사람한테 치명적인 면역거부반응을 일으키는 돼지 유전자 일부를 없앤 뒤 복제한 '이종 간 장기이식용' 미니 돼지를 만드는 데 성공했다. 미국에 이어 두 번째로 성공한 것이다. 돼지에는 알파갈(α-Gal) 유전자가 있는데, 이는 사람에게는 없는 항원을 만든다. 돼지 장기를 이식하면 이를 인식한 인간의 면역 시스템이 공격을 하여 이식된 장기를 괴사하게 만드는데, 이를 '초급성 면역거부반응'이라고 한다. 국내 연구팀은 알파갈 유전자를 제거하는 형질전환 기술을 이용하여 복제 돼지를 생산하는 데 성공하고, 이 돼지에게 '지노'라는 이름을 붙였다. 하지만 아직까지 장기이식용 동물복제를 실용화하는 데에는 시간이 더 걸릴 예정이다. 이종 간 면역 거부를 일으키는 유전자는 알파갈 유전자 이외에도 많기 때문이다.

한편, 이종 간 면역거부반응 문제를 해결하기 위해 사람의 줄기세포를 이용한 장기이식용 동물복제 연구도 진행 중이다. 이는 동물 몸에서 만드는 인간 장기로 이종 간 키메라 장기에 해당한다. 2019년 건국대 연구진은 사람의 피부세포를 배아 상태로 되돌린 iPS 세포를 돼지 수정란에 주입해 돼지 몸에서 인체 이식용 조직과 장기를 키우는 연구를 시작했다. 이 연구는 면역결핍 돼지의 수정란 초기(8세포기~배반포)에 사람의 iPS 세포를 주입한 뒤, 이를 대리모 돼지의 자궁에 이식해 새끼 돼지의 몸에서 사람에게 이식이 가능한 조직부터 간, 신장 등 고형 장기까지 만드는 것을 목표로 하고 있다. 아직은 연구 초창기이지만 상용화에 성공한다면 장기이식 문제를 해결할 수 있다. 하지만 이 연구 또한 실제로 상용화되기까지는 오랜 시간이 걸리는 데다, 이종 간 장기이식 연구가 생명윤리에 어긋나지 않는지 합의가 되지 않았기 때문에 윤리 논쟁이 생길 수 있다는 문제가 있다.

장기이식에 사용되는 미니돼지

4장

인간복제, 가능할까?

공상과학영화에서 복제인간은 단골로 사용되는 소재이다. 2018년도 영화인 〈레플리카〉에서 생명공학박사인 윌 포스터(키아누리브스 역)는 한순간의 사고로 사랑하는 가족을 모두 잃게 되고, 이들을 살리기 위해 인간복제라는 금기된 과학기술을 사용하게 된다. 그는 죽은 가족을 복제하는 데는 성공했지만, 인간복제 기술을 노리는 의문의 조직에 쫓기게 된다. 인간복제는 과연 가능한 것일까?

이론적으로는 동물복제 기술을 이용하면 인간복제도 가능하다. 앞에서 살펴본 복제양 돌리를 만드는 과정과 같은 원리이기 때문이다. 사람의 배아를 복제하여 대리모에 넣어주면 복제인간을 만들 수 있다. 그래서 복제양 돌리가 세상에 나왔을 때 복제 연구에 대한 찬반 논란이 거세게 일어났다. 돌리뿐만 아니라 소, 원숭이, 개 등 여러 동물의 복제에 성공했기 때문에 언젠가는 복제

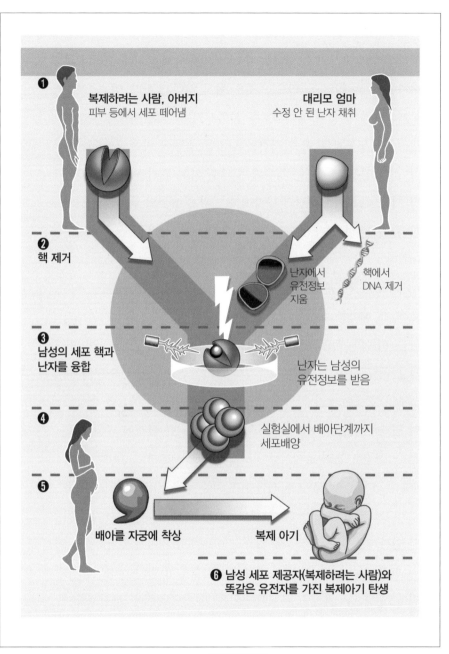

①
복제하려는 사람, 아버지
피부 등에서 세포 떼어냄

대리모 엄마
수정 안 된 난자 채취

②
핵 제거

난자에서 유전정보 지움

핵에서 DNA 제거

③
남성의 세포 핵과 난자를 융합

난자는 남성의 유전정보를 받음

④

실험실에서 배아단계까지 세포배양

⑤

배아를 자궁에 착상

복제 아기

⑥ 남성 세포 제공자(복제하려는 사람)와 똑같은 유전자를 가진 복제아기 탄생

복제인간의 원리

인간이 만들어질 수도 있다는 우려가 커졌기 때문이다. 그러나 과학자들은 복제인간을 만드는 것은 쉽지 않다고 한다. 현재로서는 복제배아를 만들어 줄기세포를 분화시키는 것도 어렵기 때문이다. 다른 동물과는 달리 사람의 난자는 표면이 매우 끈적끈적하다. 소나 양을 복제하는 경우에는 아주 가는 유리관을 난자에 찔러 핵을 빼내는데, 사람의 난자에 유리관을 찌르면 유리관과 난자가 들러붙거나 난자가 터져 버리기 때문에 수정란을 만드는 것은 어렵다.

2002년 어드밴스트 셀 테크놀로지(ACT)사의 과학자들은 최초로 인간 배아를 복제했다고 발표했다. 어드밴스트 셀 테크놀로지사는 미국의 생명공학 벤처회사로 1994년 설립된 민간 기업이며, 임상 치료 목적의 복제배아줄기세포를 연구하고 있다. 연구의 책임자인 호세 시벨리 박사는 여성의 난자에 미세한 바늘을 이용하여 난자의 핵을 제거하고, 난구세포의 핵을 빈 난자에 주입한 후 전기 자극을 통해 융합시켰다고 설명한다. 실험체로 준비한 난자 8개 중 3개만 세포분열을 시작했고, 그중 한 개가 8세포기까지 분열하다가 성장을 멈추었다고 한다. 비록 더 이상의 성장은 없었지만 인간 배아복제의 시작을 알렸다는 점에서 의미가 있다.

한편, 2004년과 2005년 우리나라의 황우석 박사는 동일한 방법으로 생산한 체세포 복제배아가 착상 직전 단계인 배반포까지 발생했으며, 이 세포들로부터 다양한 유전자형을 가진 줄기세포를 확립했다고 발표하여 전 세계적으로 유명해졌다. 그러나 나중에

이 연구 결과가 조작된 것으로 밝혀지면서 사회적으로 큰 문제가 되었다. 이후에 다른 연구들도 8세포기를 넘기지 못했다. 2008년에는 미국 생명공학 기업 스티마젠 연구팀이 인간의 난자와 체세포를 이용해 복제배아를 만들어 배반포 단계까지 배양했지만 줄기세포를 분리하는 데는 실패했다.

그러다가 2013년 미국 오리건주립대학의 미탈리포프 교수가 이끄는 연구진이 체세포 복제 기술을 이용하여 환자 맞춤형 줄기세포를 확립했다고 보고했다. 2005년 논란에 휩싸였던 황우석 박사 연구진이 사용한 방법과 동일한 기술로 배아줄기세포를 생산한 것이다. 연구진은 여자아이 태아의 피부세포를 핵을 없앤 난자에 넣은 뒤, 전기 자극을 주어 배아줄기세포를 추출했다.

인간복제는 인간의 세포(체세포)를 떼어내어 이를 착상시키는 방법으로, 한 인간과 유전적으로 동일한 다른 인간을 만드는 것이다. 이제까지의 연구들은 복제배아를 이용해 배아줄기세포를 만드는 데 초점을 두고 있다. 그런데 줄기세포를 만들지 않고 복제배아를 계속 키우게 되면 복제인간이 만들어질 수 있다. 실제로 복제인간을 만들었다고 주장하는 많은 단체와 과학자들이 있다. 대표적으로는 클로네이드(Clonaid)사, 어드밴스트 셀 테크놀로지(ACT)사가 있다. 클로네이드사는 캐나다의 종교집단 라엘리언 무브먼트의 창시자인 '클로드 보리롱(라엘)'이 세운 생명공학 회사이다. '라엘리언 무브먼트'는 외계인이 인류의 기원이라고 믿는 종교 단체로, 복제를 통해 영원한 생명을 얻을 수 있다고 주장하며 인간복제

연구를 하고 있다. 클로네이드사는 지난 2002년 12월 26일 '이브'라는 이름을 가진 복제아기를 만들었다고 발표했다. 클로네이드사는 이 발표를 통해 주목을 받았지만 이후 복제아기의 탄생을 입증할 수 있는 과학적인 증거인 DNA 지문을 제시하지 않아 발표의 신빙성이 없는 것으로 평가되고 있다. DNA는 사람마다 달라서 특수한 방법을 사용하면 지문과 마찬가지로 사람을 구별할 수 있어 개인 식별이나 친자 감정 등에 사용된다. 이것을 DNA 지문이라고 부르는데, 클로네이드사는 DNA 지문을 공개하지 않은 것이다.

그밖에 이탈리아 인공수정 전문의 세베리노 안티노리, 미국 켄터키대 생식의학과 교수 출신인 파노스 자보스 박사도 복제인간을 연구했다. 세베리노 안티노리는 '전 세계 불임부부들의 희망은 인간복제'라며 2001년 1월 28일, 미국의 파노스 자보스 박사와 함께 인간복제 계획을 발표했다. 이후 2004년 1월에 파노스 자보스는 복제인간 배아를 35세 여성의 자궁에 성공적으로 이식했다고 주장했지만 역시 확인되지 않았다. 이후 이들의 연구에 대해서는 알려지지 않았고, 2016년 세베리노 안티노리는 난소 물혹을 치료하기 위해 자신의 병원을 찾은 스페인 여성의 난자를 동의 없이 채취한 혐의로 체포되어 경찰의 조사를 받았다고 한다.

복제인간 연구는 워낙 윤리적인 문제가 크기 때문에 공식적으로 연구하고 있다는 발표는 없지만, 영화에서처럼 지구상 어디선가 몰래 진행되고 있을지도 모를 일이다.

5장

복제의 문제점

복제 기술로 할 수 있는 일이 많지만, 문제점도 많다. 각 문제점에 대해 알아보자.

첫 번째는 기술적 문제로 복제 성공률이 낮고 발달 과정에서 유전적인 오류가 나타날 수 있다는 점이다. 복제양 돌리의 경우 277번의 시도 끝에 탄생되었다. 또 이후에 복제에 성공한 다른 동물들도 매우 낮은 복제 성공률을 나타내고 있다. 포유동물의 난자는 비교적 수량이 제한되어 있다. 연구의 성공률이 낮은 것을 감안하면 몇 년의 연구 기간 동안 매우 많은 수의 난자가 필요하다. 이를 구하는 것이 쉽지 않으며, 예전 황우석 교수의 연구 조작 논란이 있었을 때에도 정상적인 절차 없이 여성의 난자를 사용한 것으로 밝혀져 문제가 되기도 했다. 2004년 논문에는 242개, 2005년 논문에는 185개의 난자를 사용했다고 밝혔지만, 조사 결과 실제로는 2221개의 난자를 불법적인 방법으로 제공받아 사용했던 것으로 나타났다.

한편, 체세포 복제는 난자에서 핵을 빼내고 다른 사람의 세포에서 빼낸 세포핵을 넣는 과정이 필요하다. 이안 윌머트는 돌리를 만들 때 채취한 체세포 핵을 영양분이 부족한 배양액에서 굶겨서 세포핵을 세포분열이 일어나기 전의 상태로 재프로그램했다. 이러한 과정에서 약간의 문제만 생겨도 수정란이 정상적인 발생을 하지 못하게 된다. 또 수정란의 발생 과정은 매우 정교한 과정으로 사람이 인위적으로 조작할 때, 아무리 주의를 기울인다 해도 여러 가지 문제가 생길 수 있다. 실제로 수정란의 발생 과정에서 처리한 약품의 부작용으로 인해 정상 세포가 아닌 종양이 만들어지거나, 일부 유전자들이 제 기능을 발휘하지 못하는 현상이 나타나고 있다.

그리고 복제에 사용하는 세포핵에도 문제가 있을 수 있다. 다 자란 성체의 세포는 자외선, X선, 산소, 화학물질, 알코올 등으로 인해 DNA 염기서열이 바뀌기도 한다. 세포가 분열할 때 딸세포는 모세포의 유전자형을 복제해서 물려받는다. 이러한 복제는 거의 완벽하지만 10만 번 중 한 번 정도는 오류가 발생한다. 이렇게 복제의 오류를 통해서 나타나는 유전자형을 '변이'라고 한다. 이러한 변이는 대부분 사소한 것으로 우리 몸에 큰 영향을 주지는 않지만, 몇몇 심각한 변이는 암과 같은 질병을 일으키기도 한다. 이렇게 변이가 일어난 체세포의 핵을 이용해 복제를 하거나 줄기세포를 만들게 되면, 후천적으로 유전적인 문제가 생길 수 있다.

두 번째는 복제동물의 수명 문제이다. 2003년 2월, 최초의 복제생물로 전 세계인의

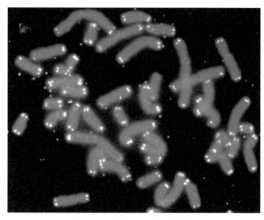

텔로미어(사진의 흰색 점 부분)

관심을 한몸에 받았던 돌리가 죽었다는 기사가 실렸다. 일반적으로 양의 수명이 10~16년인 데 비해, 돌리는 약 6년 정도밖에 살지 못했다. 특히 돌리는 비만과 성인병 등 여러 가지 병으로 고생하다가 안락사된 것이어서 더 충격적이었다. 돌리의 죽음을 연구한 결과, 요절한 것이 아니라 제 수명을 다 살고 갔다는 것을 알게 되었다. 돌리에게 체세포 핵을 제공한 양이 6세였기 때문에 돌리의 실제 수명은 12년 정도였으며, 노화로 발생하는 여러 가지 병도 생겼던 것이다. 인간을 포함한 진핵생물의 염색체의 양 끝은 텔로미어라는 서열 구조를 가지고 있는데, 염색체 말단 부분을 보호하는 DNA 조각을 말한다. 이 구조는 세포가 노화될수록, 즉 많은 분열을 할수록 짧아지며, 그 길이가 일정 한계에 이르면 그 세포는 죽는다. 연구팀은 배아세포로 복제한 양 두 마리와 돌리의 텔로미어를 측정한 결과, 이 세 마리 복제양의 텔로미어가

같은 나이의 일반적인 양에 비해 3000~4000염기쌍 정도 짧다는 것을 알아냈다.

이것이 사실이라면 복제배아를 이용한 줄기세포 연구에도 문제가 생긴다. 앞에서도 살펴봤듯이 복제배아를 이용해 줄기세포를 만드는 이유는 환자 자신의 체세포를 이용해 면역거부반응이 없는 줄기세포를 만들기 위해서인데, 나이가 든 환자의 체세포를 이용하면 그 줄기세포의 수명도 짧을 수밖에 없기 때문이다. 최근의 연구에 따르면 복제동물은 여러 가지 유전적 결함이 많은 것으로 밝혀지고 있다.

세 번째로는 복제된 생물이 원래의 동물과 유전적으로 100% 일치하는지의 문제도 있다. 세포에 대해 공부할 때 유전자는 핵에 들어 있다고 했지만, 모든 유전자가 핵에 들어 있는 것은 아니다. 핵에 99%의 유전자가 들어 있고, 나머지 1%는 미토콘드리아에 들어 있다. 미토콘드리아는 세포질에 들어 있기 때문에, 복제배아를 만들 때 난자에 들어 있는 1%의 유전자는 내 것이 아닌 난자를 기증한 사람의 것이다. 따라서 원래의 복제동물과 형질이 똑같지는 않다. 실제로 최초의 복제 고양이인 시시(cc)도 핵을 제공한 원래의 고양이인 레인보우와 외모는 물론 성격도 달랐다. 레인보우의 털색은 흰색 바탕에 갈색과 황색 얼룩무늬이지만, 시시는 흰색 바탕에 회색 줄무늬인데다, 성격도 달랐다. 레인보우는 내성적이었지만 시시는 활발하고 호기심이 많았다고 한다. 이는 털 색깔 유전자가 난자의 미토콘드리아에게 있기 때문에 다르게 나타난 것이며, 성격도 환경에 영향을 받기 때문에 달라질 수 있는 것이다.

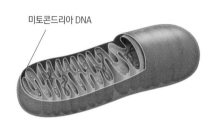

미토콘드리아 DNA

미토콘드리아

한편, 복제기술을 이용한 반려동물 복제 사업도 있다. 미국의 비아젠펫츠 (VisGen Pets), 한국의 수암바이오텍, 중국의 시노진(Sinogene)이라는 업체가 반려동물 복제를 하고 있다. 아직까지는 개와 고양이로 한정되어 있고 가격이 비싸다는 단점이 있지만, 미국의 유명 가수인 바바라 스트라이샌드가 자신의 애완견을 복제하는 등 일반인들도 이용할 수 있게 되었다. 하지만 내가 기르던 반려동물을 복제한다 하더라도 원래의 내 반려동물이 될 수는 없다. 유전자만 비슷할 뿐 나와 함께 겪었던 추억은 없기 때문이다.

반려동물과의 추억을 복제할 수는 없다

복제 연구의 역사

연도	과학사
1902	알렉시스 카렐(Alexis Carrel, 1873~1944): 프랑스의 의학자로 바늘과 비단실을 이용하여 혈관을 봉합하는 기술을 개발했다. 또한 장기이식 및 재생에 관한 연구를 통해 외과 수술과 조직배양 기술의 발전에 큰 기여를 했다. 그리고 인공심장의 초기 형태의 기계를 만들어 심장이식 수술의 발전에 기여했다. 그는 혈관과 장기이식 방법의 개발에 관한 공로로 1912년 노벨생리의학상을 수상했다.
1924	한스 슈페만(Hans Spemann, 1869~1941): 독일의 발생학자로 유리로 만든 가는 피펫과 머리카락으로 도롱뇽 알을 분리하여 발생 과정을 알아보는 연구를 했다. 그 결과 초기 발생 단계에서는 배아의 각 부분의 운명이 결정되어 있지 않지만, 후기 발생 단계에서는 각 세포의 운명이 결정된다는 사실을 알아냈다. 그는 배아 발생을 조절하는 형성체의 발견과 역할을 규명한 공로로 1935년 노벨생리의학상을 수상했다.
1954	조지프 머리(Joseph Edward Murray, 1919~2012): 미국의 과학자로 세계 최초로 일란성 쌍둥이 사이에서의 신장이식에 성공했다. 1962년에는 면역억제를 사용하여 혈연관계가 없는 사람 사이에서의 신장이식도 성공했다. 머리는 여러 연구를 통해 장기이식은 유전적으로 비슷한 사람들을 대상으로 시행해야 성공 가능성이 높다는 것을 알아냈다. 그는 장기이식 방법을 개발한 공로로 1990년 노벨생리의학상을 수상했다.
1986	스틴 윌러드슨(Steen M. Willadsen, 1943~): 발생 단계의 세포를 이용해 면양을 복제했다. 이전에 쥐와 같은 소형 실험용 포유류에서만 주로 진행되던 배아 연구를 대형 가축을 대상으로 시도했다는 점에서 의미가 있다.
1987	랜달 프래더(Randall S Prather)는 발생 단계의 세포를 이용해 소를 복제하는 데 성공했다. 같은 해에 스티븐 스타이스(Steven Stice)와 제임스 로블(James Robl) 박사는 발생 단계 세포를 이용해 토끼를 복제하는 데 성공했다.
1988	스티븐 스타이스와 제임스 로블 박사가 유전자 삽입 송아지를 복제하는 데 성공했다.
1989	랜달 프래더가 발생 단계의 세포를 이용해 복제 돼지를 만드는 데 성공했다. 돼지는 인간과 비슷한 크기의 장기를 갖고 있어 면역거부반응만 해결하면 부족한 인체 장기의 공급원으로 사용할 수 있을 것으로 전망되고 있다.
1996	울프는 발생 단계의 세포로 원숭이를 복제했다. 두 원숭이는 성인이 아닌 배아에서 채취한 세포에서 복제된 것으로 복제된 영장류들은 성체 원숭이들과 유전적으로 동일하지 않다.
1997	이안 윌머트(Ian Wilmut, 1944~) 박사는 체세포를 이용하여 복제양 돌리를 탄생시켰다. 1996년 울프의 원숭이 복제와는 다르게 성체를 복제하여 어미와 새끼 두 개체가 유전적으로 동일하다는 점에서 윤리적인 문제가 제기되었다.
2001	미국 생명공학회사 어드밴스드 셀 테크놀로지(ACT)에서 체세포로 멸종위기 동물인 가우어의 이종 간 복제를 실행했다. 8년 전에 죽은 가우어의 피부세포를 젖소 난자에 집어넣어 복제했지만, 이질 감염 때문에 48시간 만에 사망했다. 이 연구를 통해 복제가 멸종 위기에 처한 희귀 동물을 구할 수 있는 방법이라는 것이 증명되었다.
2003	고든 우즈(Gordon Woods, 1952~2009)가 노새경주 챔피언인 노새의 체세포를 이용해 '아이다호 젬'이라고 이름붙인 복제 노새를 만들었다. 안정적인 방법으로 복제가 이루어지면 경주마 등 명마의 대량 복제를 통해 산업적인 효과가 클 것으로 생각된다.
2009	서울대 이병천 교수팀과 R&L바이오사가 개의 지방에서 채취한 성체줄기세포를 이용해 복제개를 탄생시켰다. 연구팀은 줄기세포를 핵을 제거한 개 난자에 융합해 만든 복제수정란 84개를 5마리의 대리모 개에게 이식했고, 그중 1마리의 대리모에서 복제 강아지 2마리가 태어났다.

콕콕 짚어 생각 정리하기

1. 2018년, 세계 최초로 중국의 허젠쿠이 연구팀은 유전자 가위를 이용하여 에이즈에 걸릴 위험이 큰 아이가 에이즈에 걸리지 않도록 유전자 편집을 하는 데 성공했습니다. 이와 같이 아이의 생명을 위협하는 질병을 사전에 예방할 수 있다면 맞춤아기의 탄생은 정당화될 수 있는지 생각해봅시다.

2. 아이는 엄마의 난자에 들어 있는 미토콘드리아를 물려받으므로, 엄마의 미토콘드리아에 이상이 있으면 모계 유전으로 전달됩니다. 최근 영국 하원에서는 이러한 문제를 해결하기 위해서 엄마의 난자에서 핵을 빼서 건강한 미토콘드리아를 가진 다른 여성의 난자에 이식한 뒤, 다시 엄마에게 심는 치료방식을 통과시켰습니다. 이러한 방식을 통해 태어난 아이는 아빠, 엄마, 미토콘드리아를 제공한 다른 여성, 이렇게 총 세 명의 부모가 생기게 됩니다. 이처럼 아이의 질병을 해결할 방법이 핵 치환밖에 없다면, 이를 사람에게 적용하는 것을 법으로 허용해야 하는지 생각해봅시다.

3. 머지않은 미래에 유전자 조작이 상용화된다면, 스포츠 경기에서 올림픽과 패럴림픽으로 나누어 경기를 진행하듯이 유전자 조작한 사람과 일반 사람을 나누어서 경기를 해야 하는 걸까요? 또, 삶에서 생길 수 있는 모든 경쟁들에 있어 차이를 두어야 하는지 생각해봅시다.

4. 책에서 언급된 <아일랜드>라는 영화처럼 복제인간 기술이 보편화된다면, 만들어진 복제인간도 인권을 보장해주어야 하는지, 보장해주어야 한다면 그 이유는 무엇인지 생각해봅시다.

5. 만약 복제인간과 복제인간의 원본이 되는 인간이 있을 때, 둘의 인권은 동등할 수 있는지 생각해봅시다.

5부

줄기세포,
복제연구와
생명윤리

제2차 세계대전이 끝난 후, 독일의 과학자들과 의사들이 전쟁 포로와 수용소의 민간인들을 대상으로 불법적이고 비인간적인 생체실험을 했다는 것이 밝혀졌다. 당시 생체실험에 참여했던 의사 20명과 3명의 과학자가 뉘른베르크 전범 재판에 회부되었는데, 이들은 나라에서 시킨 일을 했을 뿐이므로 자신들은 죄가 없다고 주장했다. 그러나 이러한 주장은 받아들여지지 않았으며 결국 이들 중 15명은 유죄 판결을, 그중 7명은 교수형을 받았다. 1947년 재판부는 판결문에서 인체 실험에 관한 윤리적 지침이 담긴 뉘른베르크 강령 10개 조항을 명시했다.

뉘른베르크 강령의 주요 내용으로는 실험대상이 되는 사람의 자발적인 동의가 필수라는 것, 다른 연구 방법이나 수단에 의해 얻을 수 없는 사회적 이익을 위한 것이어야 한다는 점, 실험대상을 보호하기 위한 적절한 준비나 시설을 갖추어야 하고, 자격을 갖춘 사람만이 시행할 수 있다는 점, 실험 과정 중 언제든지 중단할 수 있어야 한다는 점 등이 포함되어 있다.

이 뉘른베르크 강령은 후에 수정·보완되어 1964년 핀란드 헬싱키에서 열린 세계의사협회(WMA, The World Medical Association) 제18 회 총회에서 헬싱키선언(Declaration of Helsinki)으로 이어졌다. 헬싱키 선언은 의학 연구자가 지켜야 할 인체실험에 대한 윤리 규범으로, 정식 명칭은 '사람을 대상으로 한 의학 연구에 대한 윤리적 원칙' 이다. 이 원칙은 세월이 지나면서 새로운 윤리 문제가 생길 때마 다 수정되고 있는데, 예를 들어 2000년 10월 스코틀랜드 에든버 러에서 열린 제52차 세계의사협회 총회에서는 인간 게놈과 관련 된 윤리 규범이 수정되었다.

이처럼 새로운 과학기술의 발전으로, 이전에는 문제가 되지 않 았던 것들이 새로운 윤리 문제로 떠오르게 되었다. 5부에서는 줄 기세포, 생명 복제와 관련된 윤리적 문제에는 어떤 것들이 있으며, 이러한 윤리적 문제를 해결하기 위해 어떤 규제가 필요한지 알아 보려고 한다.

1장

정자, 난자 기증자의 윤리적 문제

2017년에 미국의 불임 전문의로 유명한 도널드 클라인 박사가 1970~1980년대에 자신의 정자를 다른 기증자가 제공한 것이라고 속여 인공수정 시술을 한 것이 밝혀졌다. 조사 결과 클라인 박사의 정자로 태어난 생물학적 자녀로 확인된 사람은 48명에 이르렀지만 법률상 처벌할 조항이 없어 별다른 처벌을 받지 않았다고 한다. 또 같은 정자로 태어난 아이들이 사이트를 통해 '유전학적 아버지'를 찾는 사례도 늘고 있다.

'도너 시블링 레지스트리(www.donorsiblingregistry.com)' 홈페이지에서는 정자은행과 정자 기증자의 번호를 통해 아버지가 같은 형제자매들을 찾을 수 있다. 또 기증자가 자신의 자식들을 찾을 수도 있다. 이 사이트를 통해 형제를 만나면 적어도 아버지가 누구인지 모르는 데서 일어날 수 있는 근친상간을 피할 수 있고 자신의 뿌리를 찾을 수도 있다. 이 사이트를 통해 지금까지 8730명의 형제자매와 기증자를 찾았다고 한다.

1970년대에 체외수정이 가능해진 뒤로 건강한 난자와 정자를 판매하는 시장은 성황을 이루었다. 처음에는 불임부부의 출산을 돕는 순수한 목적으로 시작되었지만, 시간이 지나면서 상업적으로 변질되기 시작했다. 불임부부들은 이왕이면 신체 건강하고, 우수한 유전 형질을 지닌 사람의 정자와 난자를 받고 싶어 했기 때문에 정자나 난자를 제공하는 사람은 비싼 돈을 받고 판매를 하게 된 것이다.

미국에 있는 크라이오뱅크(Cryobank)는 세계 최대의 정자은행 중 하나이다. 본사는 스탠퍼드대학교 근처에, 지점은 하버드대학교

정자은행에서는 정자 제공자의 인종, 키, 머리색, 학력 등을 고려하여 선택할 수 있다

와 MIT대학교 사이에 있다. 이곳에서는 명문대학생의 정자를 제공받아 운영하고 있다고 홍보하고 있으며, 실제로 정자를 제공하기 위해서 학력, 건강 상태, 신체적 특징 등을 검사받아 일정 기준을 통과해야 한다. 그 결과 기증자로 지원하는 사람 중 실제로 등록되는 사람은 1% 정도라고 한다. 크라이오뱅크사는 수익을 얻기 위해 홈페이지에 기증자의 키, 몸무게, 머리색, 인종, 학력 등 여러 가지 특징을 검색할 수 있는 검색 시스템을 구축했다. 또 기증자의 어릴 때 사진도 제공하고 있다. 비단 이 회사뿐만 아니라 다른 정자은행도 비슷하게 운영되고 있는데, 인기 있는 기증자는 순식간에 마감된다고 한다.

정자와 난자은행의 관계자들과 고객들은 정자와 난자를 파는 데 전혀 문제가 없다고 생각한다. 그들은 난자나 정자를 제공하는 것은 아이를 가지는 데 어려움을 겪고 있는 많은 사람들을 돕는 일이며, 물건을 사고파는 것처럼 정자와 난자도 거래할 수 있다고 이야기한다. 반면 이를 반대하는 사람들은 난자와 정자를 매매하는 것이 인간을 파는 행위나 다름없다고 생각한다. 또 우수한 정자와 난자를 선택하여 아기를 낳는 것은 장차 유전자 조작으로 맞춤아기를 탄생시킬 수도 있다는 점을 우려하고 있다.

난자 제공의 경우에는 정자 제공과 달리 여성의 건강에도 나쁜 영향을 줄 수 있다는 것도 문제점으로 꼽힌다. 배아줄기세포를 만들기 위해서는 여성의 난자가 필요한데, 실험 성공률이 낮기 때문에 연구를 하기 위해서는 매우 많은 수의 난자가 필요하다. 하지만 한 번에 4억 개가량을 얻을 수 있는 정자와는 달리 난자는 한 달에 한 개밖에 얻을 수 없다. 따라서 연구의 편의를 위해 난자를 기증하는 여성에게 난자가 많이 나올 수 있는 호르몬 약을 처방한다. 그리고 전신마취를 한 뒤 난소까지 들어가는 긴 바늘을 꽂아 난자를 뽑아내야 하는 힘든 과정을 거쳐야 한다. 이때 복용하는 호르몬 약은 배에 물이 차거나 통증을 느끼는 등의 여러 가지 부작용이 있다. 반드시 기증자에게는 이러한 문제점에 대해 알려주고, 이에 동의하는 사람에 한해 자발적으로 기증을 받아야 하는데, 그렇지 않은 경우도 많다. 이런 과정을 거쳐도 난자를 구하기가 쉽지 않기 때문에 배아줄기세포를 연구하는 여성연구원의 난자를 제공받기도 한다. 이때 연구원의 의사와는 상관없이 연구책임자의 강요로 난자가 제공될 수도 있기 때문에 많은 문제와 논란의 여지가 있다.

원래 난자를 돈을 주고 사는 것은 법으로 금지되었는데, 2008년에 개정된 법은 난자를 기증하는 여성에게 약간의 금전적인 보상을 할 수 있도록 허용했다. 만약 이 법이 악용되면 난자를 돈벌이의 수단으로 이용할 수 있다. 실제로 난자를 팔아 돈을 벌려는 여성들은 대부분 가난한 사람들이었다. 외국의 난자 매매 사이트를 보면 난자를 팔려는 여성의 인종, 키, 나이, 지능, 학력, 외모 등을 기록하게 되어 있는데, 이러한 근거에 따라 난자의 가격이 달라진다. 정자은행과 마찬가지로 난자를 하나의 상품처럼 취급하고 있는 셈이다.

1997년에 개봉한 〈닥터 모로의 DNA〉
와 2010년에 개봉한 〈스플라이스〉는 사
람과 다른 동물의 유전자를 조작하여 반
인반수의 인간을 만들어낸다는 내용의
공상과학 영화이다. 단순히 영화로만 치
부할 수가 없는 것이 실제 이와 비슷한
연구가 진행되기도 했기 때문이다. 인간
의 난자를 이용한 배아복제에 대한 비판

영화 스플라이스 포스터

이 계속되자, 과학자들은 다른 동물의 난자를 이용해 배아복제
연구를 진행했다. 1998년 미국의 생명공학 회사인 ACT의 호세 시
벨리 박사는 소의 난자에 인간의 세포핵을 넣어 복제 배아를 만
드는 실험을 했다. 이 연구를 두고 한쪽에서는 인간 배아복제라
는 윤리적인 비난을 피할 수 있는 좋은 방법이라고 찬성하는 반

머리는 사자, 몸통은 염소, 꼬리는 뱀인 키메라

면, 다른 한편에서는 인간
과 다른 동물 간의 결합은
있을 수 없다고 비난했다.
사람들은 그리스 로마 신화
에 나오는 켄타우로스, 메
두사 등과 같은 반인반수
의 생명체인 키메라가 실제
로 만들어질 수도 있다고
우려한다.

2장

배아는 생명일까?

  줄기세포 연구, 그중에서도 배아줄기세포 연구에는 생명윤리의 문제가 있다. 천주교와 기독교 등 종교 단체에서는 연구에 사용되는 배아를 생명으로 보기 때문에 배아를 파괴하여 얻는 배아줄기세포 연구를 반대한다. 2005년 한국 천주교 주교회의는 인간의 배아를 대상으로 줄기세포 연구를 하는 것은 인간 생명의 존엄성을 파괴하는 것이기 때문에 반대한다는 성명을 발표했으며, 성균관에서도 유교가 인간에 대한 믿음을 기초로 하는 만큼 배아줄기세포 연구는 자연의 법칙을 깨뜨리는 일이므로 반대한다는 입장을 보였다. 이후 2011년 4월, 국내 최초의 배아줄기 세포를 이용한 임상시험이 승인되자 종교계는 '배아도 하나님이 만든 생명체인데, 이는 생명에 대한 존엄성을 저버린 결정'이라며 강하게 비판했다. 이러한 주장을 이해하기 위해서는 '배아를 하나의 생명으로 인정할 것인가? 인정한다면 과연 어느 단계부터 생명이라고 봐야 하는가?'에 대한 합의가 필요하다.

정자와 난자가 수정되면 세포는 계속 분열하여, 일주일이 지나면 약 100여 개의 세포 덩어리 상태가 된다. 정상적인 상황이라면 이 상태의 수정란은 산모의 자궁에 붙고(착상), 산모에게서 영양분과 산소를 받아 자라게 된다. 배아줄기세포는 이 시기의 세포를 떼어내 만든다. 그렇다면 배아는 언제부터 생명으로 인정받을까? 현재 우리나라의 '생명윤리 및 안전에 관한 법률'에서는 수정된 지 14일 이전의 원시선이 생기지 않은 배아에 대해서는 생명이 없다고 보고, 연구와 의료용으로 사용할 수 있도록 규정하고 있다. 원시선은 나중에 척추와 신경이 될 세포 덩어리를 의미한다. 실제 생명윤리법이 배아를 이용하는 연구를 허용하는 것은 헌법에 위반되므로 금지해야 한다는 위헌법률소송이 2005년 3월, 헌법재판소에 제기된 사례가 있었다. 불임시술을 받았던 부부가 배아를 파괴하는 연구와 배아의 보존기간을 정한 생명윤리법이 인간의 기본권을 침해한다고 낸 헌법소원 소송에 2010년 5월, 재판관 9명 모두가 초기 배아 단계의 수정란은 생명권이 없으므로 연구에 이용할 수 있다는 판결을 내렸다.

이처럼 배아줄기세포 연구를 찬성하는 사람들은 이 시기의 배아는 단지 몇백 개의 세포 덩어리로 이루어진 상태이기 때문에 생명으로 볼 수 없다고 주장한다. 반면 배아줄기세포 연구를 반대하는 사람들은 법률이나 생물학적인 기준으로 배아를 생명이냐 아니냐로 나누는 것에는 문제가 있다고 말한다. 예를 들어 법률에서 생명의 기준으로 정한 원시선은 수정 후 14일이 지나서 만들어지는 것이 아니라, 수정된 지 24시간이 지났을 때 작은 점으로 나타난 이후 시간이 지나면서 점차 길어져 눈에 보일 정도로 자란다. 원시선의 유무로 생명의 유무를 판단한다면 13일째의 배아는 생명이 아니고, 15일째의 배아는 생명이라는 것인데, 과연 생명의 유무를 원시선으로만 판단할 수 있을까?

또 어떤 사람들은 수정란이 착상되었는지의 여부로 생명의 유무를 판단하기도 한다. 배아 연구를 찬성하는 사람은 체외수정으로 시험관에서 수정시킨 수정란은 아직 착상 전이기 때문에 생명체가 아니라고 생각한다. 따라서 착상 전의 배아를 연구 재료로 사용하는 데 문제가 없다고 생각한다. 과학자들은 줄기세포 연구에 사용되는 배아는 대부분 시험관시술에 의한 불임시술 과정에서 나온 배아에서 얻기 때문에 큰 문제가 되지 않는다고 주장한다. 시험관시술 과정에서 여러 개의 배아가 나오는데, 이 중 2~3개만 임신을 위한 자궁 착상에 사용된다. 남은 배아는 대개 나중에 다시 필요할 경우에 대비해 냉동 보관된다. 그러나 임신에 성공해서 배아가 더 필요하지 않을 경우에는 당사자의 허락을 받아서 남은 배아를 줄기세포 연구에 쓸 수 있다. 배아줄기세포 연구 찬성론자들은 폐기될 배아를 연구용으로 사용하면 수많은 불치병 환자들을 고칠 수 있는데, 연구를 하지 못하게 막는다면 오히려 환자들이 치료를 받을 수 있는 권리를 막는 것이라고 주장한다. 그러나 착상 이전에는 생명이 아니라는 주장에는 설득력이 없다. 착상의 여부는 환경적인 조건일 뿐 배아 자체가 달라지는 것은 아니기 때문이다. 배아는 수정된 순간부터 하나의 생명으로 탄생하기 위한 연속적인 과정을 거치므로 날짜나 자궁의 착상 여부등 어느 특정한 시기로 나누어 생명 여부를 판단할 수 없다. 이러한 입장에서는 줄기세포 연구를 위해 배아를 파괴하는 것은 살인행위와 같다고 생각한다. 이처럼 생명을 보는 관점에 따라 정자와난자가 만나 수정란이 되었을 때부터 생명이라고 보는 수정설, 어머니의 자궁에 착상이 되어야 생명이라고 보는 착상설, 뇌의 형태가 생기고 기능이 이루어지는 시기인 60일을 생명의 시점으로 보는 뇌기능설, 인큐베이터에서 생존할 수 있는지를 기준으로 하는체외생존 능력설 등 너무나 다양하다. 이렇듯 배아줄기세포 연구에 따른 윤리적인 문제는 아직도 결론이 나지 않았다.

배아가 생명인지에 대한 각 종교별 입장은 어떠할까? 배아줄기세포 연구에 가장 적극적인 종교 중 하나는 천주교이다. 기독교에서는 인간의 생명은 신에게서 받은 것으로 생각해서 난자와 정자와 결합된 수정란을 하나의 생명체로 간주한다. 따라서 배아줄기세포 연구는 생명을 파괴하는 행위로 생각해서 반대한다. 유대교는 의학적 치료를 목적으로 할 때는 배아와 성체줄기세포 연구를 인정한다. 따라서 불임치료 과정에서 나오는 배아를 줄기세포채취용으로 사용해도 된다고 한다. 이슬람교에서는 배아에 인간의혼이 들어가기 전까지는 생명으로 인정하지 않는다. 따라서 대부분의 이슬람교도는 수정 시부터 40일까지의 배아를 줄기세포 연

구에 사용하는 것이 윤리적으로 문제가 없다고 생각한다. 불교의
경우에는 인간 배아줄기세포 연구에 대한 공식적인 입장이 없다.
불교에서는 어떤 존재가 자신을 둘러싼 환경을 감지하고 고통을
느낄 수 있다면, 그것이 인간이든 동물이든 상관없이 '지각 있는'
존재이고 보호받을 자격이 있다고 생각한다. 이 때문에 일부 불교
도는 초기 배아의 경우 아직 신경을 가지고 있지 않아 고통을 느
낄 수 없으니 실험에 사용되어도 무방하다고 주장한다. 그러나 배
아를 파괴하는 것은 살생하지 말라는 불교의 가르침에 어긋난다
고 주장하는 입장도 있다.

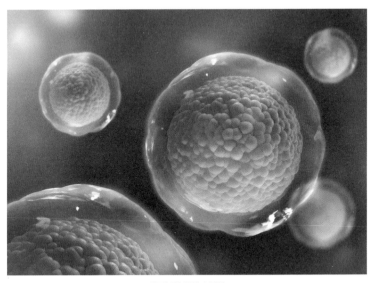

세포분열 중인 수정란

배아연구 승인 방법

1994년 영국에서 제정된 〈인간수정 및 배아 발생에 관한 법률(human fertilization and embryology act)〉은 과학자들이 배아를 사용하는 방법을 규정하려고 시도한 세계 최초의 법률이다. 이 법은 인간 배아가 상당한 존중을 받아야 하지만, 다음 조건을 모두 충족하는 한에서는 연구용으로 사용될 수 있다고 정한다.

　① 다른 대안이 없을 경우
　② 중요한 의학적 목적이 있을 경우
　③ 배아가 생성된 지 14일 이하인 경우
　④ 연구가 신중하게 검토되고 통제되는 경우

또 연구에 사용될 수 있는 배아의 조건도 제시하고 있다.

　① 임신에 사용하고 남은 잔여 배아(냉동배아)일 것
　② 보존기간(최대 5년)이 경과했으며 폐기 예정일 것
　③ 원시선이 형성되지 않은 배아일 것
　④ 배아생성 당사자로부터 이용 동의서를 받을 것

우리나라의 경우 생명윤리 및 안전에 관한 법률(이하 생명윤리법) 제47조 3항을 통해 배아나 난자, 정자 및 태아에 대한 유전자 치료를 금지하고 있는 한편, 생명윤리법 시행령 12조에서는 배아의 보존기간이 지난 잔여 배아는 발생학적으로 원시선(原始線)이 나타나기 전까지는 체외에서 연구목적으로 이용할 수 있도록 규정

하고 있다. 연구의 범위는 불임 치료법, 피임기술의 개발을 위한 연구, 희귀난치병 치료를 위한 연구에 한정되어 있다.

배아연구 승인은 다음과 같은 절차로 진행된다. 연구자가 연구계획서를 기관생명윤리심의위원회에 제출하여 승인을 받은 다음 보건복지부에 승인신청서를 제출한다. 보건복지부는 연구의 목적, 타당성, 배아의 수집방법 등을 종합적으로 고려한 심사를 하게 되며, 이때 과학계와 윤리계의 민간전문가로 구성된 배아연구계획심의자문단의 심의결과를 반영하여 승인 여부를 결정하게 된다. 연구내용이나 윤리적 민감도와 사회적 파장에 따라 배아연구계획심의자문단보다 상위 위원회인 배아연구전문위원회에서 심의하는 경우도 있다. 매우 중요한 사안일 경우 대통령 소속 국가생명윤리심의위원회의 심의를 거친 후 최종적으로 보건복지부의 승인을 받아 연구를 시작하게 된다.

3장

복제기술과 생명윤리

영화 아일랜드 포스터

배아를 생명으로 볼 것인가에 대한 문제뿐만 아니라, 복제 기술을 이용한 줄기세포 연구를 허용하게 되면 언젠가는 복제인간이 만들어질 수도 있다는 문제도 있다. 영화 〈아일랜드〉를 보면 미래의 부자들은 자신과 똑같은 유전자를 가진 복제인간을 만들어두었다가, 사고나 병에 걸려 장기를 교체해야 할 필요가 생기면 복제인간에게서 장기를 떼어내 이식한다. 마치 복제인간을 생명이 없는 장기보관소 취급을 하는 것이다. 이처럼 인간복제는 생명의 존엄성을 위협할 수 있다. 영화에서처럼 생명을 상품처럼 만들고 사고팔게 될지도 모르는 일이다.

인간복제는 여러 가지 사회 문제를 일으킬 수 있다. 예를 들어 나의 체세포를 이용해 복제 아기를 낳았다면 이 아이는 나일까,

형제일까, 자식일까? 또 결혼을 하지 않고도 내 세포만으로 아이를 얻을 수 있다면 가족의 개념이 사라질 수도 있다. 내가 좋아하는 연예인의 유전자를 가진 아이를 만들려고 한다거나, 죽은 부모님이나 자식을 다시 살리고 싶어 할지도 모른다. 그리고 거부반응이 없는 동물의 장기이식을 받았다고 했을 때, 극단적으로 온몸의 기관들이 모두 동물의 것이라고 한다면, 과연 그 사람을 인간이라고 할 수 있을까? 동물의 입장에서도 인간에게 장기를 제공하기 위한 목적으로 죽임을 당하는 것이 과연 행복한 일일까? 이처럼 복제 연구에는 생각해보아야 할 여러 가지 문제들이 많다.

하지만 복제 연구를 찬성하는 사람들은 인간복제는 거의 불가능하기 때문에 크게 걱정할 필요가 없다고 말한다. 복제배아를 만드는 것도 어려운데 복제배아를 무사히 태어나게 하는 것은 더욱 어렵기 때문이다. 실제로 복제동물을 만드는 연구에서 무사히 태어날 확률은 매우 낮다. 더구나 운 좋게 태어난 복제동물이라 하더라도 선천적으로 기형이나 질병을 가지고 있는 경우가 많아 복제동물 중 30%가 태어나자마자 죽는다고 한다. 이와 같은 기술적 문제가 있기 때문에 복제 연구를 찬성하는 사람들은 복제배아를 이용한 줄기세포 연구에 문제가 없으며, 법률로 규제한다면 복제인간을 연구할 과학자들도 없을 것이라고 말한다. 그러나 과학자도 여러 가지 유혹 앞에서 흔들릴 수밖에 없는 사람이다. 돈이나 출세 같은 개인적인 이득을 위해서, 순수한 학문적인 호기심이나 더 많은 것을 알고 싶은 욕구로, 혹은 더 많은 환자들을 치료하고 싶다는 숭고한 목적으로, 더 나아가 국가의 이익에 보탬이 되겠다는 애국심 등 여러 가지 이유로 몰래 연구를 할 수 있기 때문에 과학자의 양심에만 맡기는 것에는 어려움이 있다.

현재 인간복제에 대해서는 모든 나라들이 반대하는 입장이다. 1997년 유네스코에서 발표한 〈인간게놈과 인권에 관한 보편선언〉 제11조에 따르면 "인간 존엄성에 반하는 행위, 즉 인간복제는 결코 허용하지 않을 것이다."라고 명시되어 있다. 또한 2001년 3월, 43개 유럽지역 국가들이 가입된 유럽평의회에서 채택된 인권헌장-인간복제금지에 관한 추가 의정서가 발효되었는데, 이전에 발표된 내용을 보완하여 "살아 있는(또는 죽은) 인간 생명체와 유전적으로 동일한 인간 생명체를 인위적으로 만들려는 모든 시도"를 금지하는 내용을 추가했다. 2001년 7월에는 미국의 하원에서 인간복제를 목적으로 한 실험을 금지하는 〈인간복제 금지법〉을 통과시켰는데, 인간복제뿐만 아니라 인간배아 복제세포에서부터 만들어진 제품을 수입하는 것도 위법으로 간주하는 강력한 법안이었다.

한편, 인간복제 문제와는 별개로 생명공학 기술의 발달로 맞춤아기나 유전자 계급 등의 새로운 사회 문제가 나타날 수도 있다. 인간 게놈 프로젝트는 인간 게놈의 모든 염기 서열을 해석하는 프로젝트로, 1990년 미국 에너지부(DOE: Department of Energy)와 보건부(NIH: the National Institutes of Health)의 예산을 지원받아 시작되어 2003년에 완료되었다. 게놈이란 한 생물의 모든 유전정보를 의

미하는데, 인
간 게놈 지도
는 46개 염색
체에 저장된 인
간의 몸을 구
성하고 있는 모
든 유전자 정보
를 나타낸 것이
다. 인간 게놈
지도의 완성으

```
CATGACGTCGCGGACAACCCAGAATTGTCTTGAGCGATGGTAAGATCTAACCTCACTGCCGGGGGAGGCTCATAC
CTGGGGCTTTACTGATGTCATACCGTCTTGCACGGGGATAGAATGACGGTGCCCGTGTCTGCTTGCCTCGAAGCA
ATTTTCTGAAAGTTACAGACTTCGATTAAAAAGATCGGACTGCGCGTGGGCCCGGAGAGACATGCGTGGTAGTCA
TTTTTCGACGTGTCAAGGACTCAAGGGAATAGTTTGGCGGGAGCGTTACAGCTTCAATTCCCAAAGGTCGCAAGA
CGATAAAATTCAACTACTGGTTTCGGCCTAATAGGTCACGTTTTATGTGAAATAGAGGGGAACCGGCTCCCAAAT
CCCTGGGTGTTCTATGATAAGTCCTGCTTTATAACACGGGGCGGTTAGGTTAAATGACTCTTCTATCTTATGGTG
ATCCAAGCGCCCGCTAATTCTGTTCTGTTAATGTTCATACCAATACTCACATCACATTAGATCAAAGGATCCCCG
AGCCCAGTCGCAAGGGTCTGCTGCTGTTGTCGACGCCTCATGTTACTCTGGAATCTACCTGCCCTCCCCTCACC
GGTTAAGGCGTGTGATCGACGATGCAGGTATACATCGGCTCGGACCTACAGTGGTCGATCGACTGGCTACTGGCT
TCGCGGTTCGGCGCGTAGTTGAGTGCGATAACCCAACCGGTGGCAAGTAGCAAGAAGACCTACCTGGGTCACCTT
AGACAACCTAACTAATAGTCTCTAACGGGGAATTACCTTTACCAGTCTCATGCCTCCAATATATCTGCACCGCTT
CAATGATATCGCCCACAGAAAGTAGGGTCTCAGGTATCGCATACGCCGCGCCCGGGTCCCAGCTACGCTCAGGAC
GACAGTAGAGAGCTATTGTGTAATTCAGGCTCAGCATTCATCGACCTTTCCTGTTGTGAATATTGTGCTAATGCA
TCTCGTCCGTAACGATCTGGGGGGCAAAACCGAATATCCGTATTCTCGTCCTACGGGTCCACAATGAGAAAGTCC
TGCGCGTGATCGTCAGTTAAGTTAAATTAATTCAGGCTACGGTAAACTTGTAGTGAGCTAAGAATCACGGGAATC
ACGGGTTCGCTACAGATGAACTGAATTTATACACGGACAACTCATCGCCCATTTGGGCGTGGGCACCGCAGATCA
AAAGTGGCAGATTAGGAGTGCTTGATCAGGTTAGCAGGTGGACTGTATCCAACAGCGCATCAAACTTCAATAAAT
CCAAAGCGTTGTAGTGGTCTAAGCACCCCTGAACAGTGGCGCCCATCGTTAGCGTAGTACAACCCTTCCCCCTTG
AGGTGCGACATGGGGCCAGTTAGCCTGCCCTATATCCCTTGCACACGTTCAATAAGAGGGGCTCTACAGCGCCGC
TTTTAAATTAGGATGCCGACCCCATCATTGGTAACTGTATGTTCATAGATATTTCTTCAGGAGTAATAGCGACA
AGCTGACACGCAAGGGTCAACAATAATTTCTACTATCACCCCGCTGAACGACTGTCTTTGCAAGAACCAACTGGG
CTTAGATTCGCGTCCTAACGTAGTGAGGGCCGAGTCATATCATAGATCAGGCATGAGAAACCGACGTCGAGTCTA
CACACGAGTTGTAAACAACTTGATTGCTATACGTGAGCTACCGCAAGGATCTCCTACATCAAAGACTACTGGGCG
ATCTGGATCCGAGTCAGAAATACGAGTTAATGCAAATTTACGTAGACCGGTGAAAACACGTGCCATGGGTTGCGT
AGACCGTAGTCAGAAGTGTGGCGCGCTATTCGTACCGAACCGGTGGAGTATACAGAATTGCTCTTCTACGACGTA
AGGAGCTCGGTCCCCAATGCACGCCAAAAAAGGAATAAAGTATTCAAACTGCGCATGGTCCCTCCGCCGGTGGCA
CTATTATCCATCCGAACGTTGAACCTACTTCCTCGGGCTTTATGCTGTCCTCAACAGTATCGCTTATGAATCGCATG
CGGCTGTGGATCTTAACGGCCACATTCTTAATTCCGACCGATCACCGATCGCCTTTCCTCGCTGGTACAATGAGT
ACTAAGTTATCCAGATCAAGGTTTGAACGGACTCGTATGACATGTGTGACTGAACTCCCGGGAGGAAATGCAGAGAA
CTGTTTCAAGGCCTCTGCTTTGGTATCACTCAATATATTCAGACCAGACAAGTGGCAAAATTTCGTGCGCCTCTC
CTAGGTATTCACGCAACCGTCGTAACATGCACTAAGGATAACTAGCGCCAGGGGGGCATACTAGGTCCCGGAGCT
AAAGACTACCCTATGGATTCCTTGGAGCGGGGACAATGCAGACCGGTTACGACACAATTATCGGGATCGTCTAGA
GGTATTATTAGCAAGACAATAAAAGGACATTGCACAGAGACTTATTAGAATTCAACAAACAGGATCATATCATGCG
GTGTTGGGTCGGGCAAGTCCCCGAAGCTCGGCCAAAAGATTCGCCATGGAACCGTCTGGTCCTCGTTAGCGTGTAC
GCCTGCTCCTGTTCCGGGTACCATAGATAGACTGAAGTTGCGTCAAAAAATTGCGGCGAAAATAGAGGGGCTCCT
TGTAGAAATACCAGACTGGGGAATTTAAGCGCTTTCCACTATCTGAGCGACTAAACATCAACAAATGCGTCTACT
CGAATCCGCATGAGCGCAATTACAACCTGGTTCAGATCACTGGTTAATCAGGGATGTCTTCATAAGATTATACTTG
CCCCGACGCGACAGCTCTTCAAGGGGCCGAATTTTGGACTTCAGATACGCTAGAATTTAAAGGGTCTCTTACACC
TGCTGCGGCCTGCAGGGACCCCTAGAACTTGCCGCCTACTTGTCTCAGTCTAATAACGCGCGAAGCCGTGGGGCA
CGTGACCTTAAGTCGCAGAGCGAGTGATGAATTTGGGACGGCTAATATGGGTGAATAGAGACTTATATCATCAGGG
```

바이러스 게놈 지도

로 유전질환을 일으키는 특정한 유전자를 바꿔 병을 치료하는 유전자 치료법도 발전할 수 있었다. 더 나아가 배아 상태에서 유전자 정보를 알 수 있는 기술이 나타나 맞춤아기의 탄생도 가능하게 되었다. 맞춤아기란 시험관 수정 기술을 이용해 질병 유전자가 없는 배아를 골라 탄생시킨 아기를 말한다. 착상 전 유전자 진단은 맞춤아기를 만들 때 꼭 필요한 과정으로, 이 기술은 체외수정으로 만들어진 배아를 자궁에 이식하기 전에 이상이 있는지 검사하는 것이다. 이 기술을 이용하면 배아 상태일 때 다운증후군이나 혈우병 같은 유전병을 일으킬 수 있는 유전자를 가지고 있는지 미리 알 수 있다. 수정란이 8세포기까지 자라면 의사가 세포를 한두 개 떼어내어 현미경으로 유전자 정보를 검사하여 문제가 있는 배아는 폐기한다.

1999년 미국 콜로라도에서 선천적 골수 결핍증인 판코니 빈혈증을 가진 몰리 내시라는 아이가 태어난다. 골수를 이식받지 못하면 8~9세에 죽게 되는데 부모의 유전 형질과는 맞지 않았고, 이식을 받을 수 있는 친척도 없었다. 몰리 내시의 부모는 딸의 치료를 위해 딸의 유전 형질과 일치하는 동생을 낳기로 하고, 시험관아기 시술을 받았다. 12개의 배아를 검사한 결과 1개의 배아가 딸과 일치하는 것을 발견하고, 이 배아를 선택하여 아담이라는 남동생을 낳는다. 몰리는 아담의 제대혈에서 추출한 줄기세포를 이용해 골수 이식을 받았고 완치될 수 있었다. 그러나 부모는 윤리적인 측면에서 큰 비난을 받았는데, 딸의 치료 목적으로 아담을 낳았으며, 이를 위해 선택되지 못한 나머지 11개의 배아는 폐기처분되었기 때문이다. 이처럼 맞춤아기는 아픈 형제자매를 치료할 수 있다는 장점이 있는 동시에 윤리적인 문제를 포함한 부작용도 존재한다. 선천성 유전병 유전자의 유무뿐만 아니라 성별, 신체정보 등의 생명과는 직접적인 관련이 없는 형질까지도 부모의 선택으로 결정할 수 있기 때문이다. 예를 들어 중국이나 인도 등 남아선호사상이 있는 나라에서는 성별을 선택할 수 있다면 남자아이를 선택하는 부모가 많을 것이다. 일부 유럽 국가에서는 혈우병 등의 성별과 관련된 질병이 있을 때에만 부모가 아이의 성별을 선택할 수 있게 하고, 그 외의 목적이라면 아이의 성별을 선택하는 것은 불법이다. 하지만 미국은 질병 외의 목적으로도 아이의 성별을 선택할 수 있어, 특정 성별의 아이를 낳고 싶어 하는 부모들은 미국에 가서 시술을 받기도 한다.

현재 착상 전 유전자 진단은 배아의 생명과 관련된 질병을 검사할 때만 사용된다. 하지만 기술적으로 키나 지능 등 다른 형질을 예측하는 것이 가능하다. 그렇게 되면 우수한 유전자를 가진 아이들만 세상에 태어나고 자연 임신으로 태어난 평범한 아이들은 사

영화 〈가타카〉 포스터

회적 불이익을 받는 세상이 될 수 있을 것이다. 그래서 2009년에 미국에서는 유전자 정보 차별금지법이 시행되었다. 영화 〈가타카〉는 미래 사회를 배경으로 한 공상과학영화이다. 이 영화에서 미래의 부부들은 아이를 유전자 조작으로 얻는다. 자연스럽게 태어난 아이는 여러 가지 나쁜 유전자를 가지고 있기 때문에 직업 선택의 자유가 없는 대신, 우수한 유전자만을 골라 만들어진 아이는 남들이 선호하는 직업을 가질 수 있다. 내가 가진 유전자 때문에 아무리 노력해도 내가 원하는 일을 할 수 없거나, 사회에서 차별을 받는다면 얼마나 슬플까?

이처럼 복제 기술과 유전자 진단 기술은 삶의 질을 향상시킬 수도 있지만, 인간의 존엄성을 훼손하는 양날의 검으로 작용할 수도 있다.

4장

줄기세포 관련 정책과 연구 현황

　줄기세포 연구는 윤리적인 문제 이외에 정치·경제적인 측면에 따라 국가별 정책이 달라진다. 또한 같은 나라에서도 어떤 정부가 들어서느냐에 따라 관련 법률이 바뀌기도 한다. 나라마다 약간씩 차이는 있지만 성체줄기세포나 역분화줄기세포 연구에 비해 배아 줄기세포 연구는 보다 엄격하게 관리되는 편이다. 연구에 사용할 수 있는 배아부터 각 나라별로 허가 범위가 다른데, 예를 들어 독일과 이탈리아는 연구 목적으로 배아를 만드는 것은 금지하지만, 다른 나라에서 만들어진 배아를 수입하는 것은 가능하다. 영국은 원시선이 생기기 전인 14일 이전의 인간배아만 연구에 쓰도록 허용하고 있다. 불임부부의 시험관아기 시술 후 남은 배아를 연구에 사용할 수 있지만, 연구에 따라서는 기증받은 난자를 이용할 수도 있다. 덴마크에서도 영국과 마찬가지로 불임 치료에 사용되고 남은 배아를 줄기세포 연구에 사용하는 것은 가능하다.

현재 줄기세포 연구의 선두주자는 영국과 미국이다. 각 나라에서 줄기세포 관련 정책이 어떻게 바뀌어왔는지 알아보자. 영국은 최초의 시험관 아기 탄생(1978년), 최초의 체세포 복제동물인 돌리 탄생(1996년) 등 생명공학 분야에서 뛰어난 기술을 보유하고 있다. 영국에서는 1990년 제정된 〈인간수정 및 발생에 관한 법률〉에서 인간배아줄기세포를 이용한 연구를 불임치료, 유산의 원인 파악, 선천성 질환, 효과적인 피임기술 개발, 배아의 유전자 이상을 알아보는 연구로만 제한했다. 그리고 연구에 사용할 수 있는 배아의 상태를 수정 후 14일 이내로 정해 다른 나라들에 비해 보다 분명한 기준을 제시했다. 2001년에 시행된 〈인간수정 및 발생 법규〉에서는 생식목적이 아닌 심각한 질병 치료를 위한 연구에서는 배아를 만들 수 있도록 했다. 또 같은 해에 제정된 〈인간생식클로닝에 관한 법률〉에서는 치료 목적으로 복제 배아를 제조하는 것도 허용했다. 물론 복제된 배아를 여성의 몸에 이식하는 것은 범죄로 규정하여 인간복제를 허용하지 않았지만, 배아를 이용한 연구의 범위가 다른 나라들에 비해 넓은 것을 알 수 있다.

미국의 경우에는 어느 대통령이 당선되었는지에 따라 줄기세포 연구 정책에 많은 변화가 있었다. 클린턴 행정부에서는 줄기세포 연구에 대해 비교적 허용적이었다. 2000년 8월 클린턴 대통령은 종교계의 반대를 무릅쓰고 인간배아연구를 허용한다는 국립보건원(NIH)의 지침을 발표했다. 이 지침은 국립보건원이 인간배아를 이용한 줄기세포 연구에 대한 정부의 재정지원 여부를 결정하는 중요한 기준이 되었다. 이 지침에서는 불임 치료에 사용되고 남은 배아, 사망한 태아의 조직에서 얻는 줄기세포만 연구 대상으로 정했으며, 연구목적으로 만들어졌거나 체세포 복제로 만들어진 배아줄기세포 연구는 금지했다. 그러다가 생명윤리에 민감한 부시 행정부가 들어서면서 2001년 8월 9일 부시대통령은 인간배아줄기세포 연구에 관한 정부의 예산지원을 금지한다고 발표했다.

그런데 각 나라의 법은 그 나라에서 연구할 때에만 적용된다. 따라서 규제가 엄격한 나라의 과학자들은 줄기세포 연구가 허용되는 다른 나라에 가서 연구하는 경우가 많다. 그동안 생명과학 분야에서 앞서 나가던 상황에서 부시 행정부의 정책으로 인해 관련 분야의 우수한 연구진들이 해외로 나가게 되었다. 이러한 규제 때문에 미국의 줄기세포 연구가 뒤처진다는 비난이 일자, 대통령이 바뀐 이후 정책의 변화가 나타나기도 했다. 오바마 대통령은 정치, 종교, 이념과 과학은 구분되어야 하며, 기존의 성체줄기세포나 역분화줄기세포만으로는 재생의학의 발전을 기대할 수 없으므로 배아줄기세포 연구를 허용해야 한다고 주장했다. 이에 2009년 3월 9일 오바마 정부는 행정명령을 내려 인간배아줄기세포 연구에 대한 연방자금 지원을 합법화했다. 특히 2009년 1월에 미국 식품의약국(FDA)은 배아줄기세포를 이용한 임상실험을 최초로 승인했고, 줄기세포 연구를 적극 지원하겠다고 공약했다. 이러한 변화는 종교계의 반발로 이어져 2010년 10월 연방정부 상대로 소송을 제기했지만, 2013년 1월 연방대법원은 배아줄기세포 연구에 대한 연구비 지원이 합법이라는 판결을 내렸다. 또한 미국에서 공공자금으로 수행되는 인간배아연구는 국립보건원이 통제하고 있지만, 민간부문에서 수행되는 연구는 대부분의 주에서 규제를 받지 않아 민간 기업은 자유롭게 연구가 가능하다. 이러한 지원에 힘입어 미국의 줄기세포 연구는 현재 전 세계 최고 수준의 기술력을 갖춘 것으로 평가받고 있다.

한편 일본은 역분화줄기세포 연구 분야의 선두 주자이다. 역분화줄기세포의 개발로 노벨상을 수상한 야마나카 교수에게 집중적으로 연구비를 지원하고 있는데, 2013년에는 일명 〈야마나카법〉이라고 불리는 재생의료 촉진법안을 만들어 역분화줄기세포를 이용한 재생의학 분야에 투자하고 있다. 2019년 후생성은 다른 사람에게서 얻은 유도만능줄기세포를 이용한 척수손상 치료와 관련된 임상시험을 세계 최초로 허가하는 등 일본은 재생의학 분야에서 앞서 나가기 위해 노력하고 있다.

우리나라는 줄기세포 관련 산업을 국가 미래 산업의 하나로 선정하고, 2002년에는 세포응용사업단을, 2005년에는 '줄기세포 허브'를 설치하는 등 국가 수준으로 지원을 했다. 그 당시 다른 나라에서는 윤리적 문제로 연구가 제한적이었던 체세포핵이식과 배아줄기세포 연구에 지원하여 이 분야에서 앞서 나갈 것을 기대했던 것이다. 그러나 2005년 말, 황우석 교수팀의 난자 수급과 관련된 윤리 문제와 논문 조작 문제가 불거지면서 줄기세포 허브를 백지화하는 등 줄기세포 연구에 소극적이 되었다. 줄기세포로 인한 생명윤리에 대한 논란이 지속되면서 〈생명윤리 및 안전에 관한 법률(이하 생명윤리법이라고 함)〉이 제정되었다. 생명윤리법은 윤리, 종교, 과학, 철학의 지향점이 어느 정도 일치하는 선에서 인간 생명에 대한 각계의 입장을 합의한 것으로 첫 장에서 그 목적을 다음과 같이 규정하고 있다.

"이 법은 생명과학기술에 있어서의 생명윤리 및 안전을 확보하여 인간의 존엄과 가치를 침해하거나 인체에 위해를 주는 것을 방지하고, 생명과학기술이 인간의 예방 및 치료 등을 위하여 개발, 이용될 수 있는 여건을 조성함으로써 국민의 건강과 삶의 질 향상에 이바지함을 목적으로 한다."

우리나라의 경우 줄기세포와 관련된 여러 연구들은 줄기세포의 종류에 따라 규제의 정도가 다르다. 인간배아 및 체세포복제배아에 관한 연구는 원칙적으로 허용하지 않고, 난임이나 피임, 희귀난치병 치료를 위한 연구만 제한적으로 허용되고 있다. 또 배아줄기세포는 제공자로부터 동의를 받아야 한다. 2010년부터 국내에서 만들거나 해외에서 들여오는 인간 배아줄기세포주는 국립보건연구원 줄기세포주등록정보에 등록해야 한다. 정부는 생명윤리법 등의 가이드라인을 정한 이후 줄기세포 연구에 대한 규제를 완화하고 지원을 늘려가고 있다. 예를 들어 체세포 핵이식과 불임치료 후 남은 배아를 이용한 배아줄기세포를 만드는 과정은 여전히 관리 감독을 엄격하게 하지만 이미 만들어진 배아줄기세포를 활용한 연구는 기관 내에서 자율적으로 관리하게 하는 등 배아줄기세포 연구에 대한 규제가 완화되었다. 2011년 4월 27일에 국가생명윤리심의위원회는 망막 손상 환자의 치료를 위해 배아줄기세포 유래 세포치료제를 허용하는 것이 생명윤리법상 문제가 없다는 결정을 내렸으며, 같은 해 5월 4일 식품의약품안전청에서는 국내에서 처음으로 1상 임상시험을 허가했다. 이러한 결정은 그동안 생명윤리적인 문제로 위축되었던 배아줄기세포 연구가 보다 활발해지는 계기가 되었다.

줄기세포 연구를 찬성하는 사람들은 우리나라의 줄기세포 연구가 다시 활성화되기를 기대하는데, 그 이유는 줄기세포 연구는 우리나라가 과학 선진국들과 경쟁할 수 있는 몇 안 되는 생명공학 분야이기 때문이다. 우리나라 줄기세포&재생의료 기술 수준은 세계 10위권으로, 2021년을 기준으로 최고의 기술력을 갖춘 것으로 평가되는 미국 대비 85% 수준의 기술력을 보유하고 있다. 2016년 기준으로는 줄기세포치료제를 이용한 임상연구 수도 미국에 이어 2위였다. 하지만 마냥 안심할 수는 없는 것이 2015년 이후 줄기세포치료제의 가시적인 제품화 성과가 거의 없는 데다 임상연구 수에 있어서도 2017년에는 중국에 추월당한 것으로 나타났다. 또 줄기세포 외의 다른 생명공학 연구 개발도 성과가 부진한 상황이다. 이에 2021년 정부에서는 〈첨단재생의료 및 첨단바이오의약품 기본계획〉을 수립하여, 2025년까지 국가 수준의 R&D

투자를 늘리고, 연구에 대한 정책적인 지원을 강화해 관련 기술력을 최고국 대비 90% 이상으로 끌어올리려고 애쓰고 있다.

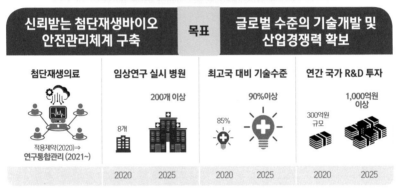

첨단재생의료 및 첨단바이오의약품 기본계획 (제공: 보건복지부)

이렇게 많은 나라들이 줄기세포 연구에 많은 관심을 기울이는 이유는 무엇일까? 바로 줄기세포 기술이 돈이 되기 때문이다. 예를 들어 유럽연합(EU) 회원국은 1998년 7월 8일 발표된 '생명공학 발명의 법적 보호에 관한 EU지침(이하 EU바이오지침)'에 의해 생명공학 발명의 법적 보호를 받는다. 세부적인 내용은 각 회원국에 따라 달라지지만 줄기세포 및 관련 기술에 대한 연구결과는 특허로 보호를 받을 수 있다. 줄기세포는 새로운 연구 분야이기 때문에 줄기세포와 관련된 특허는 무궁무진하다. 줄기세포를 얻는 방법, 줄기세포를 배양하는 방법, 줄기세포를 이용해 환자를 치료하는 방법, 심지어는 줄기세포 그 자체까지 특허의 대상이 된다.

생명공학정책연구센터 자료에 따르면 글로벌 줄기세포 시장은 2021년 162억 달러(17조 6000억 원) 규모로 예상된다고 한다. 이후 연평균 10.2%씩 성장하면서 2025년이 되면 239억 달러(26조 원) 규모까지 성장할 것으로 보인다. 전 세계에서 줄기세포 연구가 진행되고 있지만, 아직까지는 난치병의 진행을 늦추는 정도의 결과거나 동물을 대상으로 한 임상연구의 수준이다. 하지만 앞으로 연구가 더 진행된다면, 줄기세포와 관련된 시장의 규모는 몇 조 원 이상이 될 것이다. 문제는 연구가 성공하는 데 오랜 시간이 걸리고, 연구와 관련된 특허를 얻기 위해서는 최소한 5~6억 원이 들기 때문에 개인이 특허를 받는 것은 어렵다. 줄기세포 연구에 정부의 지원이 필요한 이유 중 하나이다. 또 과학자들에게는 줄기세포 연구에 대한 각 국가의 규제 여부도 중요하다. 줄기세포 연구에 대해 엄격한 규제를 하는 국가가 있는 반면, 인간배아와 줄기세포 연구에 대한 규제 자체가 없는 국가도 있다. 이런 국가에서는 관련 연구를 하는 데 아무런 문제가 없다. 따라서 줄기세포 연구에 많은 규제가 있는 나라의 과학자들은 규제가 없는 나라에서 연구하는 과학자들에 비해 상대적으로 불리하며, 줄기세포 연구 경쟁에서 뒤처질까봐 걱정하기도 한다. 또 아예 규제가 없는 나라로 이주하여 연구를 진행하기도 한다.

이처럼 줄기세포 연구의 이면에는 많은 문제들이 있기 때문에 더 많은 논의가 필요하다. 줄기세포 연구의 장점과 단점을 고려해야 하고, 일부 사람들의 결정이 아닌 국민적인 합의가 필요하다.

줄기세포 연구는 사회의 합의가 필요하다

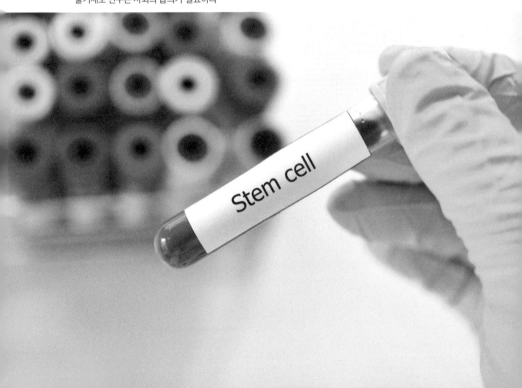

생명윤리 지키는 배아연구

"2004년 1월 29일 생명윤리 및 안전에 관한 법률(이하 생명윤리법이라 칭함, 2005. 1. 1. 시행)이 제정되었다. 이 법은 인간과 인체 유래물 등을 연구하거나, 배아나 유전자 등을 취급할 때 인간의 존엄과 가치를 침해하거나 인체에 위해(危害)를 끼치는 것을 방지함으로써 생명윤리 및 안전을 확보하고 국민의 건강과 삶의 질 향상에 이바지함을 목적으로 한다. 또한 희귀·난치병 등의 질병치료를 위한 연구목적 외에는 체세포핵이식(체세포복제) 행위를 금지하며, 희귀·난치병 치료를 위한 배아복제 연구 허용범위는 국가생명윤리심의위원회의(IRD) 심의를 거쳐 대통령령으로 정하도록 해놓았다. 시행령과 규칙에 따르면, 불임치료법 개발을 위한 배아연구는 허용되지만 정자·난자의 상업적 유통은 금지된다. 또 의료기관이 아닌 벤처기업에서 일반 국민을 직접 대상으로 하는 질병 진단 관련 유전자검사가 금지되며, 벤처기업의 유전자검사는 친자감별 등의 목적에만 국한된다. 또 병원과 벤처기업 등 유전자를 검사하는 기관은 모두 복지부에 신고해야 하며, 해마다 정확도 검사를 받아야 한다. 희귀·난치병 질환을 위한 배아줄기세포 연구 대상은 근이영양증 및 다발경화증, 헌팅톤병(Huntington's disease), 유전성운동실조, 근위축성측삭경화증, 뇌성마비, 척수손상, 선천성면역결핍증, 무형성빈혈, 백혈병, 골연골형성이상, 심근경색증, 간경화, 파킨슨병(Parkinson's disease), 뇌졸중, 알츠하이머병(Alzheimer's disease), 시신경손상, 당뇨병 등 18개로 한정되었다.

세계 각국의 줄기세포 정책

나라	정책
아시아권	싱가포르는 '아시아의 줄기세포 센터'로 널리 알려져 있는데, 40개 이상의 줄기세포 연구그룹이 연구를 진행하고 있으며, 치료 목적을 위해 2주 이하의 배아 사용을 허가하고 있다. 일본은 공식적인 지침은 없으나 치료 목적의 줄기세포 연구는 허용하고 있다. 중국은 줄기세포 연구에 가장 엄격한 나라 중의 하나로, 2003년 줄기세포 연구에 사용되는 배아의 종류를 체외수정, 낙태한 태아의 세포, 체세포핵을 이식한 경우로 제한했다.
영국	영국은 배아줄기세포 연구에 적극적인 나라 중의 하나로, 2001년 1월 31일 시행된 인간 수정 및 발생학 규정에 따라 인간 배아줄기세포를 이용한 연구와 연계하여 면허를 받을 수 있는 연구의 범위가 확대되었다. 이 규정에 따르면 연구과제가 배아 발달이나 중증 질병에 대한 지식 향상을 목적으로 하는 경우 및 그 지식을 활용하여 중증 질병 치료에 적용하는 경우에도 기존의 배아를 사용하거나 새로운 배아를 만드는 허가를 받을 수 있다. HFEA 웹사이트에는 현재까지 허가된 인간 배아줄기세포 관련 연구 프로젝트 목록을 확인할 수 있다. 특히 대부분의 나라에서 금지된 연구인 인간–동물 하이브리드에 대한 연구는 엄격한 조건 하에 연구한다는 제한 조건이 있지만 2008년부터 허용되었다.
스위스	스위스에서는 배아줄기세포 연구의 허가 여부를 국민투표를 실시하여 결정했는데, 그 결과 2003년 12월 19일 줄기세포연구법이 제정되었다. 이 법에 따르면 순수하게 연구용 세포를 위해 배아를 인위적으로 만들어내는 것은 금지한다. 그러나 연방보건청(BAG)이 해당 연구 프로젝트를 승인하고, 양쪽 부모가 모두 동의하면, 이미 만들어진 부모의 잔여 배아에서 얻을 수 있다. 필요할 경우, 잔여 배아에서 얻은 배아줄기세포는 연방보건청의 승인을 받아 연구목적으로 해외에서 수입할 수도 있다. 스위스 연방공중보건국(FOP)은 스위스의 인간 배아줄기세포를 이용한 연구 프로젝트에 관한 정보를 제공한다. 연구과제의 대상은 반드시 인간의 질병이나 인간발달생물학의 식별, 치료, 예방으로만 한정된다.
벨기에	벨기에의 줄기세포 연구는 2003년 5월 11일에 제정된 체외 배아 연구법에 의해 규제되고 있다. 연구 대상은 질병의 예방이나 치료, 생식, 불임, 장기/이식 분야에 한정된다. 연구에 사용 가능한 배아는 수정 후 14일 이내의 배아로, 불임부부에게서 나온 잔여 배아를 사용해야 하며, 순수하게 연구 목적을 위한 배아를 만드는 것은 일반적으로 금지된다.
네덜란드	네덜란드의 줄기세포 연구는 2002년에 만들어진 배아법에 의해 규제된다. 배아법에서는 연구 목적의 배아 생성을 금지하고 있지만, 인간 배아줄기세포 연구는 허용된다. 이를 위해 줄기세포는 수정 후 14일 이내, 그리고 부모의 사전 동의를 얻은 잔여 배아에서 얻을 수 있다.
브라질	2005년 3월, 브라질 정부는 3년 이상 냉동 보관된 체외수정 배아를 줄기세포 연구에 사용할 수 있도록 법을 제정했다. 브라질은 가톨릭 신자의 비율이 높은 나라로 브라질 가톨릭교회는 배아줄기세포 연구가 생명권을 침해한다고 주장하며 이 법에 이의를 제기했지만, 브라질 대법원은 이를 기각해 배아줄기세포 연구를 허용했다.

꼭꼭 집어 생각 정리하기

1. 과거에는 동물실험을 진행하는 데 아무런 제약이 없었습니다. 그렇지만 과학기술의 발전으로 동물들도 고통을 느낀다는 사실을 알게 된 이후 동물실험에 대한 제약이 생겨났습니다. 줄기세포와 관련된 과학기술이 발전하면 생길 수 있는 문제점에는 무엇이 있을지 생각해봅시다.

2. 노벨은 산업발전에 기여하기 위해 다이너마이트를 발명했지만, 사람들은 전쟁용으로 사용해 많은 인명피해가 있었습니다. 과학자는 자신의 연구 결과로 발생할 수 있는 문제에 대한 책임을 져야 하는지 생각해봅시다.

3. 현재까지도 배아의 인권에 대해 의견이 분분한 상황입니다. 배아를 하나의 세포로 보고 인권을 부여하지 않아도 되는지, 아니면 배아도 인간의 연장선 어딘가에 있다고 생각하며 인권을 부여해야 하는지 생각해봅시다.

4. '원치 않은 출생'이란, 의사가 선천성 질환의 진단을 놓쳐서 이를 갖고 태어난 아이 본인이 성장 후, '의사가 산전 검사를 정확히 했다면 임신 중절을 통해서 태어나지 않았을 텐데 의사의 실수로 질환을 갖고 태어난 것에 대한 손해를 배상해야 한다'는 명목으로 의사를 상대로 손해배상책임을 묻는 경우를 말합니다. 1999년 우리나라 대법원은 원치 않은 출생에 대해 '의사에게는 손해배상책임이 없다'고 판결을 선고했습니다. 사람이 타인에 대해 자신의 출생을 막아줄 것을 요구할 권리가 있는지 생각해봅시다.

맺음말

19세기 프랑스 작가였던 쥘 베른은 '공상 과학 소설의 아버지'로 불리고 있습니다. 《80일간의 세계 일주》, 《해저 2만 리》, 《15소년 표류기》등 그가 쓴 작품들에는 심해, 달, 지구 속 등 당시 인류가 갈 수 없었던 지역들이 나오고, 로켓, 잠수함, 텔레비전 등 당시 기술로 만들 수 없었던 기구들이 등장합니다. 그가 쓴 작품을 읽어보면 무려 100여 년이나 앞선 과학기술이 등장하는 것을 알 수 있습니다. 또 인간복제 기술이 나오기 전에도 복제인간을 다룬 공상과학 소설이나 영화들이 많이 있었습니다.

이처럼 과학과 상상력은 어울리지 않는 것 같지만, 인간의 상상력은 과학기술의 발달을 이끌어내는 것 같습니다. 이 책에서는 줄기세포와 복제기술에 대해 이야기했지만, 과학의 다른 분야도 마찬가지입니다.

저는 앞으로 무궁무진하게 발전할 가능성이 높은 생명과학 분야를 청소년 여러분이 알아야 할 필요가 있다고 생각합니다. 청소년들이 이 책을 읽으면서 생명공학에 관심을 가지고, 더불어 생명의 신비를 느낄 수 있기를 바랍니다. 또한 생명과학 분야에서 노벨상을 탈 수 있는 훌륭한 과학자가 여러분들 중에서 나오기를 희망합니다.